Pe. JOSÉ CARLOS PEREIRA

COMUNIDADES ECLESIAIS MISSIONÁRIAS

Manual de implantação, formação e atuação de líderes e demais participantes das CEMs

EDITORA
SANTUÁRIO

DIREÇÃO EDITORIAL:
Pe. Fábio Evaristo R. Silva, C.Ss.R.

CONSELHO EDITORIAL:
Cláudio Anselmo Santos Silva, C.Ss.R.
Ferdinando Mancilio, C.Ss.R.
Gilberto Paiva, C.Ss.R.
Victor Hugo Lapenta, C.Ss.R.

COORDENAÇÃO EDITORIAL:
Ana Lúcia de Castro Leite

REVISÃO:
Luana Galvão

DIAGRAMAÇÃO:
José Antonio dos Santos Junior

Dados Internacionais de Catalogação na Publicação (CIP) de acordo com ISBD

P436c	Pereira, Pe. José Carlos Comunidades eclesiais de base: manual de implantação, formação e atuação de líderes e demais participantes das CEMs / Pe. José Carlos Pereira. - Aparecida, SP : Editora Santuário, 2021. 120 p.; 14cm x 21cm Inclui bibliografia e índice. ISBN: 978-65-5527-074-7 1. Religião. 2. Cristianismo. 3. Comunidades eclesiais de base. I. Título.
2021-377	CDD 240 CDU 24

Elaborado por Vagner Rodolfo da Silva - CRB-8/9410

Índice para catálogo sistemático:
1. Religião: Cristianismo 240
2. Religião: Cristianismo 24

3ª impressão

Todos os direitos reservados à **EDITORA SANTUÁRIO** — 2023

Rua Padre Claro Monteiro, 342 — 12570-045 — Aparecida-SP
Tel.: 12 3104-2000 — Televendas: 0800 016 00 04
www.editorasantuario.com.br
vendas@editorasantuario.com.br

COMUNIDADES ECLESIAIS MISSIONÁRIAS

ÍNDICE

Apresentação 7
Introdução 11
I. O que são as Comunidades Eclesiais Missionárias? 15
II. Por que ter as CEMs na paróquia? 19
III. Quem compõe as Comunidades
    Eclesiais Missionárias? 25
IV. Como formar as Comunidades
    Eclesiais Missionárias? 31
V. Quem coordena as Comunidades
    Eclesiais Missionárias? 37
VI. Como capacitar os líderes das
    Comunidades Eclesiais Missionárias? 45
VII. O que fazer nas Comunidades
    Eclesiais Missionárias? 55
VIII. Qual o papel do padre nas Comunidades
    Eclesiais Missionárias? 65
IX. Quais os pilares de sustentação das
    Comunidades Eclesiais Missionárias? 73

X. Instruções para organizar os encontros de
formação de líderes das CEMs 81
   1. Orientações para o encontro preliminar 82
   2. Programa dos encontros 84
   3. CEMs: etapas, método, programa e objetivos 84
      a) Objetivo do encontro 85
      b) Esquema de cada encontro 85

XI. Roteiro de encontros de formação
para líderes das CEMs 87
   1º. Encontro: Uma Igreja dependente 87
   2º. Encontro: Uma Igreja de Conselho Pastoral 91
   3º. Encontro: Uma Igreja que desperta 96
   4º. Encontro: Uma Igreja dinâmica 102
   5º. Encontro: Uma Igreja missionária,
   Comunidade de Comunidades – CEMs 106

XII. Roteiro permanente para encontros das CEMs 111

Conclusão 115

Referências bibliográficas 119

APRESENTAÇÃO

A palavra cresce, e o número dos discípulos se multiplica porque a lâmpada de Deus ainda não se apagou.

Naqueles dias, *"a palavra de Deus crescia e o número dos discípulos se multiplicava consideravelmente em Jerusalém. Também um grande grupo de sacerdotes aderia à fé"* (At 6,7). Assim nasceu a nossa Igreja. E assim vive ainda hoje. *"Aquele tempo"* se chama hoje. É o nosso tempo. Hoje também a palavra cresce, o número dos discípulos aumenta e as pequenas comunidades se multiplicam. *"A Igreja sempre cresce por atração e não por proselitismo"*, como disse o papa Bento XVI.

E, para variar, ainda estamos em crises. Tempo de crises é também de crescimento. Gosto muito da definição de crise como *"aquele típico trabalho de peneiração que limpa o grão de trigo, após a colheita"*. Muitos males que a humanidade enfrenta são geralmente atribuídos à pandemia do coronavírus, a Covid-19. Ela é responsável por muitas de nossas mazelas, de nossas crises e de nossos condicionamentos. Mas será mesmo? Se é responsável pelas coisas ruins, ela abriu janelas para muitas coisas boas e bonitas.

No passado, como no presente, Deus é sempre surpreendente! Não há nada em Deus que não traga algo de bom. Quando tudo parecia normal, a pandemia nos jogou em barcos, em alto mar, como que em meio a grandes tempestades. Quando estávamos dispersos e fora de casa, ela nos fez voltar às nossas casas. Quando Deus parecia distante, calado e indiferente, Ele nos disse novamente: *"todos vocês são irmãos"* (Mt 23,8). *"Para que maltratar um ao outro?"* (At 7,26). Quando tudo parecia dizer o contrário, Ele inspirou a sua Igreja a priorizar as Comunidades Eclesiais Missionárias. E, quando tudo insistia em nos desanimar e desistir, Ele inspirou o padre José Carlos Pereira a escrever este Manual para a implantação, a formação e a atuação dessas Comunidades. Este seu Livro é um verdadeiro Manual de Instrução que literalmente significa *"estar ao alcance das mãos"*, para ser manuseado pelos agentes e gestores das Comunidades Eclesiais Missionárias. Neste seu Livro, encontramos um olhar amoroso (ver), um olhar cuidadoso (discernir) e um olhar esperançoso (agir) para essas Comunidades. Nele o caro leitor encontrará respostas às nove perguntas básicas para quem quer colocar em prática este Manual.

As Comunidades Eclesiais Missionárias são a concretização das primeiras Comunidades cristãs. O nosso é um tempo muito similar ao tempo do pequeno Samuel, que aprendeu a ouvir a palavra de Deus e a discernir o seu chamado: *"Naqueles dias, a palavra do Senhor era escassa e as visões não eram frequentes. A lâmpada de Deus ainda não se tinha apagado"* (1Sm 3,1.3). Ontem, como hoje, há uma escassez da palavra e do discernimento da sua vontade. Mas a lâmpada de Deus ainda não se apagou totalmente, apesar de tudo o que está acontecendo, neste tempo de pandemia.

Nosso desejo é que as Comunidades Eclesiais Missionárias, que saíram das Diretrizes para este Manual, saiam dos livros e passem aos corações. Esperamos que elas passem das páginas dos livros às páginas da vida e se tornem realidades nas mais de onze mil Paróquias, neste nosso imenso Brasil.

Vidas longas para elas. E boa leitura deste Manual de Instrução.

Tenho sede!

Dom Pedro Brito Guimarães
Arcebispo de Palmas

Palmas, 20/01/2021
Festa de São Sebastião

INTRODUÇÃO

As Diretrizes Gerais da Ação Evangelizadora da Igreja no Brasil (2019-2023) propõem, entre outros procedimentos missionários, a "Igreja nas Casas". Esta contempla a Igreja "em saída", que pede o Papa Francisco. Assim, este subsídio pretende ser um manual para os gestores leigos e consagrados dessas comunidades eclesiais missionárias e para os participantes delas, propondo um itinerário de formação, atuação e celebração, com o método "ver, julgar, agir e celebrar", alicerçado nos pilares que sustentam essas Comunidades: Palavra, Pão, caridade e Missão.

Nesses quatro passos do método e nos pilares que sustentam as CEMs, estão contemplados os elementos essenciais para a formação, compreensão e atuação nessas comunidades. Contemplamos também uma breve definição do conceito de Comunidades Eclesiais Missionárias, que são denominadas de modo abreviado por CEMs; o que pede a Igreja sobre as CEMs, por meio de seus últimos documentos; quais os objetivos de se voltar a Igreja para as casas, entre outros aspectos que o ajudarão a entender e a viver melhor a dinâmica das CEMs.

Dentro dos quatro passos do método aqui usado, temos, em um primeiro momento, o "ver" a realidade da paróquia, à luz daquilo que pede o Papa Francisco e a CNBB, e qual proposta a Igreja no Brasil tem feito para as dioceses e paróquias, em vista da formação dessas comunidades eclesiais missionárias.

No segundo passo, o "julgar", serão oferecidas ferramentas de avaliação e iluminação bíblica dessa realidade, direcionando o olhar dos gestores dessas comunidades para essa Igreja "em saída", buscando alternativas para viver essa realidade eclesial da melhor maneira, de modo que a paróquia se torne, de fato, uma Igreja em estado permanente de missão.

O terceiro passo, o "agir", consiste na indicação de pistas de ação, ou de operacionalização, para os gestores dessas comunidades, sinalizando o processo formativo, os passos a serem dados, como e quando essas comunidades podem e devem se encontrar para partilhar e celebrar a vida.

E por falar em celebrar, chegamos ao quarto e último passo desse método. Nele serão sugeridos roteiros de celebração nessas comunidades eclesiais missionárias. Esses roteiros poderão ser adaptados de acordo com cada realidade. São procedimentos simples, que farão a diferença na vida de quem participar dessas comunidades e na vida da paróquia.

Em suma, este subsídio busca responder perguntas clássicas em vista da realização de um projeto missionário permanente: o quê? Por quê? Para quê? Quando? Onde? Como? Quem ou com quem? Respondendo a essas perguntas, apresenta o que são as Comunidades Eclesiais Missionárias; traz as justificativas para implantar as CEMs na paróquia; aponta quem deve compor essas comunidades e participar delas; ensina passo a passo como formar essas comunidades; indica quem as coordena e oferece capacitação a essas pessoas;

orienta os líderes dessas comunidades para que ajam em sintonia com o que a Igreja pede; mostra o que fazer nessas comunidades e como fazer; indica qual é o papel do padre (pároco) e dos demais agentes de pastoral consagrados nessas comunidades; explica sobre os pilares de sustentação das CEMs; dá instruções para organizar os encontros das CEMs e oferece roteiros de encontro para essas comunidades – dentre esses roteiros, um roteiro permanente, para qualquer ocasião. Este deve ser usado naqueles momentos em que não houver um roteiro específico oferecido pela diocese ou paróquia. Ele está aqui como uma alternativa para não interromper os encontros das CEMs por falta de roteiro.

Enfim, para o bom êxito das CEMs na paróquia, é importante que cada coordenador e participante das CEMs tenha em mãos este roteiro, pois ele serve de guia para sua formação e atuação missionária.

I
O QUE SÃO AS COMUNIDADES ECLESIAIS MISSIONÁRIAS?

A partir das Diretrizes Gerais da Ação Evangelizadora, 2019-2023, a Igreja no Brasil, em sintonia com as propostas do Papa Francisco de uma Igreja "em saída", dando continuidade às Diretrizes anteriores, e as propostas do Documento de Aparecida de uma Igreja em estado permanente de missão, propôs para as dioceses as *Comunidades Eclesiais Missionárias* como uma forma de tornar toda a Igreja, e em todo tempo, missionária. Para esse empreendimento, convoca todas as paróquias a reverem as suas estruturas e configurá-las, pastoralmente, em pequenas comunidades, chamadas pela sigla CEMs, que é a abreviatura de "Comunidades Eclesiais Missionárias".

Para que essa reestruturação aconteça, é preciso o empenho de todos: bispos; padres e demais agentes de pastoral; leigos e consagrados; os que estão nas bases – pessoas leigas engajadas nas pastorais – ou as que não estão engajadas em nenhuma atividade da paróquia; demais lideranças missionárias que já fazem esse trabalho fora dos templos, como, por exemplo, as zeladoras de capelinhas, os coordenadores de círculos bíblicos, as pessoas que coordenam terços nas famílias, entre outras, que nem sempre estão revestidas da dimensão missionária, ou não têm uma compreensão adequada do que seja a missão ou o ser missionário.

Nesse sentido, a proposta da Igreja é formar, a partir de pequenos grupos de pessoa, ou famílias, nas casas, as comunidades eclesiais, com consciência missionária. Essa proposta tem raízes nas origens das primeiras comunidades cristãs, encontradas nos Atos dos Apóstolos (At 2,42-47) e nas propostas do Concílio Vaticano II, que ganharam visibilidade nas Conferências do Episcopado Latino-Americano e do Caribe, com ênfase na V Conferência que aconteceu em Aparecida, em 2007, que pedia as pequenas comunidades eclesiais missionárias como um meio eficaz de evangelização (DAp n. 179).

Seguindo nessa linha histórica da eclesiologia, a Igreja no Brasil propõe a formação de comunidades eclesiais missionárias, com aspectos diferentes das experiências já vividas, como, por exemplo, as CEBs (Comunidades Eclesiais de Base), que tiveram grande força missionária, nas décadas de 1970 e 1980, e, embora perdendo a sua força a partir dos anos 1990, devido às mudanças de época e a outros fatores sociais e eclesiais, continuaram ainda em muitos lugares com uma força evangelizadora que ainda hoje faz a diferença na Igreja. Todo esse histórico da caminhada missionária da Igreja não foi em vão. Essas experiências de comunidades eclesiais que vieram antes sedimentaram os caminhos para as que são propostas atualmente. Elas deixaram um legado de experiência e de vivência da Igreja que agora forma as bases desse novo modelo de Igreja, que vem sendo proposto a partir do Pontificado do Papa Francisco.

Esse atual modelo de Comunidades Eclesiais Missionárias traz elementos das experiências anteriores e agrega elementos e valores que não foram contemplados em épocas passadas, como, por exemplo, os desafios de um mundo cada vez mais urbano, que resulta numa "cultura urbana", que está presente até nos lugares mais distantes deste país, lugares de difícil acesso, mas que não estão alijados da urbanidade conferida pelos meios de comunicação que alcançam os mais distantes rincões. Vale lembrar que as CEBs tinham mais características rurais, e estavam presentes mais nas periferias das grandes cidades. Já as atuais comunidades Eclesiais Missionárias contemplam, além dessas, outras realidades, sobretudo as que não eram contempladas antes, que são os condomínios, os grandes edifícios, os grandes centros urbanos, realidades que representam grandes desafios missionários e que, por isso, exigem das pessoas missionárias novas posturas e novas abordagens, para adentrarem esses espaços de difícil acesso.

Além disso, as Comunidades Eclesiais que ora são propostas contemplam também outros modelos de comunidades, por grupos de afinidades, e até mesmo comunidades virtuais. Não é o modelo de comunidade que importa; o que importa é se ela está alcançando as pessoas e evangelizando-as. É esse o objetivo das CEMs. Querer enquadrá-las num único modelo é reduzi-las e limitá-las no seu alcance missionário. Na hora de formar essas comunidades, é importante que a pessoa líder tenha essa consciência. Essas comunidades precisam ser abertas, ecumênicas, pluriculturais, e não fazer distinção de pessoas.

Assim sendo, as Comunidades Eclesiais Missionárias vêm como uma atitude da Igreja em resposta a vários fatores que a atingem diretamente, como, por exemplo, a evasão de católicos; o arrefecimento na participação afetiva e efetiva nas paróquias; o não comprometimento pastoral; a "igreja virtual", em que os fiéis seguem um líder, "guru" virtual, em detrimento da igreja, comunidade real, onde as pessoas se encontram e se solidarizam; distanciamento prático da Palavra de Deus e da sua vivência encarnada na realidade; perda do sentido de fraternidade, proposto pelas comunidades eclesiais reais, entre outros fatores. Por essas e outras razões, as Diretrizes da Ação Evangelizadora da Igreja no Brasil (2019-2023) constata e propõe: "Diante da complexidade urbana e da mudança de época, retoma-se a indicação do Documento de Aparecida sobre as pequenas comunidades eclesiais, consideradas como ambiente propício para escutar a Palavra de Deus, viver a fraternidade, animar a oração, aprofundar processos de formação continuada da fé e fortalecer o firme compromisso do Apostolado na sociedade hoje"[1].

Em suma, essas Comunidades Eclesiais Missionárias consistem em pequenos grupos de pessoas, ou famílias, nas ruas, nos condomínios, aglomerados, edifícios, nas unidades habitacionais, nos bairros populares, povoados, nas aldeias e nos grupos por afinidades, que devem se configurar como uma verdadeira rede, em comunhão com a Igreja local (DGAE/2019-2023, n. 84).

---

[1] Cf. Documento de Aparecida, n. 309. In: DGAE/2019-2010, n. 82.

II
POR QUE TER AS CEMs NA PARÓQUIA?

Quero apresentar aqui justificativas para a implantação das Comunidades Eclesiais Missionárias nas paróquias, embora muitos agentes de pastoral, leigos/as e consagrados/as, inclusive os padres, já estejam cientes dessa importância e estejam dando passos avançados na implantação desse projeto missionário permanente.

De antemão, quero destacar que esse é um projeto buscado há anos e que agora vem coroar um longo processo de reestruturação da Igreja, começado com o Concílio Vaticano II, estruturado nas quatro Conferências do Episcopado Latino-Americano e consolidado com a V Conferência, em Aparecida.

Desde a V Conferência do Episcopado Latino-Americano e do Caribe, que aconteceu em Aparecida em 2007, a Igreja não apenas do Brasil, mas de toda a América Latina e Caribe, vem redimensionando práticas pastorais e reformulando estruturas paroquiais, de modo que a Igreja se revista não apenas de características missionárias, mas também de ardor missionário.

Desde então vem se pedindo que as paróquias estejam em estado permanente de missão e que formem redes de Comunidades, ou Comunidades de comunidades, descentralizando as atividades dos templos e distribuindo-as em setores. Pediu-se a formação de discípulos missionários e de uma Igreja que fosse missionária *full time*.

Com a chegada do Papa Francisco e com sua primeira Exortação Apostólica, *Evangelii Gaudium*, a Igreja ampliou seus horizontes, convocando que toda ela, em todos os Continentes, se tornasse uma Igreja "em saída", com discípulos missionários que sentissem a alegria de evangelizar, indo ao encontro dos afastados, distanciados, excluídos e dos que nunca se aproximaram, apesar de terem sido batizados na Igreja Católica. Não é um projeto missionário proselitista, buscando trazer para a Igreja católica pessoas de outras denominações religiosas, mas sim um projeto que resgata pessoas de nossa Igreja que estão à margem.

A Igreja no Brasil assumiu essa proposta e vem, por meio das suas Diretrizes Gerais para a Ação Evangelizadora, trilhando esse caminho que culminou nas Comunidades Eclesiais Missionárias. Esse é um jeito de ser Igreja, como foram as primeiras comunidades cristãs, ou seja, é nas casas, nas famílias que está a primeira Igreja ou a "Igreja doméstica" como sentenciou o Concílio Vaticano II há mais de meio século. Assim sendo, nesse momento de nossa Igreja no Brasil, em que é preciso ter restrições por causa da pandemia do *Coronavírus*, como, por exemplo, a não aglomeração, acentua-se a necessidade de pequenas comunidades, para não haver aglomerações e ter maior eficácia na evangelização. Vemos, assim, que as circunstâncias e o momento atual têm favorecido a formação das CEMs e possibilitado que a Igreja se reestruture e se fortaleça a partir dessa iniciativa ímpar e oportuna em seu processo de evangelização.

Com essa perspectiva, temos muitas razões para apoiar, acolher, implantar e acompanhar as Comunidades Eclesiais

Missionárias em nossas paróquias. Vamos então às razões, além das supracitadas, que justificam por que devemos ter as CEMs em nossas paróquias.

▶ A Igreja nas casas possibilita acolher a todos, indistintamente. "As comunidades, reunidas nas casas, incluem tanto pobres, como gente de maior condição econômica" (n. 77);

▶ As CEMs são a Igreja indo até as pessoas e não a Igreja que espera as pessoas irem até ela. É a Igreja "em saída" querida pelo Papa Francisco;

▶ Porque as pequenas comunidades eclesiais são ambientes propícios para escutar a Palavra de Deus;

▶ Porque as CEMs são lugares onde se aprende a viver a fraternidade, a partilhar dons, bens e talentos;

▶ Porque as CEMs são lugar de animar a oração e fortalecer a fé;

▶ As CEMs são lugares propícios para aprofundar processos de formação continuada da fé e fortalecer o firme compromisso do apostolado na Sociedade hoje (DAp, n. 309; DGAE, n. 82);

▶ As CEMs possibilitam se fortalecer na Palavra e se formar como verdadeiro discípulo missionário de Jesus Cristo, em comunhão fraterna;

▶ As CEMs, quando formadas como o orientado, são verdadeiras redes de comunidades na paróquia;

▶ Porque as CEMs abrem possibilidade de encontros, reuniões e celebrações em diversos espaços além da igreja e das casas, como, por exemplo, salões comunitários, espaços públicos e espaços improvisados (n. 131);

▶ Porque nas CEMs as pessoas têm possibilidade de se conhecerem melhor, valorizarem-se mais, preocuparem-se uns com os outros, não sendo pessoas anônimas;

➤ Porque as CEMs possibilitam que o anúncio de Jesus Cristo transforme pessoas, famílias, ambientes, instituições e estruturas sociais (n. 150);

➤ As CEMs possibilitam vivenciar o método da leitura orante da Bíblia e extrair da Palavra de Deus o alimento para a fé e a missão;

➤ Porque as CEMs têm a possibilidade de flexibilizar horários para atender as necessidades dos fiéis, oferecer oportunidade para participar da celebração da Palavra (n. 161);

➤ As CEMs possibilitam descobrir novas lideranças pastorais, pessoas que nunca ajudaram na Igreja e se despertaram para esse compromisso;

➤ As CEMs são a Igreja aberta ao protagonismo dos leigos, não dependendo exclusivamente do padre.

Essas são algumas das razões que justificam a implantação das Comunidades Eclesiais Missionárias na Paróquia.

Você tem ou gostaria de partilhar outra razão que ajude a justificar as CEMs?

Se tiver, enumere-a abaixo e a partilhe com o padre, ou com quem coordena a sua comunidade. Se é você quem coordena a CEM da sua rua, partilhe com a sua comunidade e com o padre os motivos que justificam esse projeto missionário de Igreja nas casas ou fora dos templos. As linhas seguintes são para você deixar a sua contribuição:

III
QUEM COMPÕE AS COMUNIDADES ECLESIAIS MISSIONÁRIAS?

As CEMs (Comunidades Eclesiais missionárias) são compostas de qualquer pessoa que queira dela participar, sem distinções. Uma das características dessas Comunidades deve ser o acolhimento, que é fundamental para que as comunidades deem certo e cumpram a sua missão, que é evangelizar.

Por serem pequenas comunidades eclesiais, não se devem formar grandes grupos, ou melhor, grandes comunidades. Esses grupos, que se tornarão comunidades, podem ser formados por duas ou três famílias. Quem coordena deve observar se o grupo está crescendo e, se estiver aumentando em número de participantes, formar novas células, de modo que estas se transformem em novas comunidades e, assim, vão se multiplicando no bairro. Se a realidade for mais desafiadora e de início não tiver muita adesão, pode começar com apenas uma família, que se reúne periodicamente, para estudo, oração e vivência da Palavra de Deus, em sintonia com as propostas da Igreja e da sua paróquia.

Nessas comunidades participam famílias, ou indivíduos, de qualquer etnia, idade, classe social, condição sexual, entre outras características sociais e pessoais, até mesmo de outras denominações religiosas, caso queiram participar. O objetivo dessas comunidades não é prosélito, ou seja, de querer "converter" a pessoa para uma Igreja ou modelo de igreja, ou religião, mas formar comunidades que evangelizam, isto é, que ela viva o evangelho, as propostas cristãs e se identifique como discípula missionária de Jesus Cristo.

Crianças e adolescentes são bem-vindos nessas Comunidades Eclesiais Missionárias, porque ali aprenderão, na prática, os princípios básicos para viverem em comunidade, e em comunidade eclesial, isto é, o sentido do que é ser e viver a Igreja. Poderão agir e interagir com o grupo, como fazem dentro de casa, em família; ler a Palavra; questionar opiniões; opinar sobre a Palavra e sobre outras opiniões; enfim, interagir de modo que se ampliem as reflexões e a oração que brotam dessas reflexões. As crianças e os adolescentes podem ser agentes ativos e não meramente passivos nessas comunidades. Sua alegria e espontaneidade farão dessas comunidades uma verdadeira família, uma Igreja nas casas. Estas não são réplicas da paróquia, com reprodução em escala menor dos comportamentos que existem nos nossos templos, mas lugar de informalidade e espontaneidade, lugar propício para a catequese familiar. São essas características que farão das CEMs verdadeiras igrejas domésticas, onde colocamos tudo em comum e testemunhamos Jesus Cristo.

Os jovens são também muito bem-vindos e devem ser acolhidos e incentivados a participar. Essas comunidades devem ser espaços onde os jovens possam partilhar seus dons e talentos, seja na música, nas leituras, nas reflexões, nas novas ideias e ideais, nas inovações e provocações, enfim, devem ser espaços onde eles demonstrem e coloquem em prática todo o seu potencial, toda a sua energia e alegria. Para que isso ocorra, eles devem ser ouvidos, acolhidos e respeitados. Deve ser dada a eles a função de liderança, de coordenação, enfim, deve-se confiar nos jovens. Eles precisam se sentir em casa e, ao mesmo tempo, na Igreja, ou na casa como uma Igreja que acolhe, como uma família acolhe. Cada uma dessas comunidades precisa ser ao mesmo tempo, família e Igreja.

Os adultos são fundamentais nessas comunidades. Eles são pessoas-chave na articulação e organização desse modelo de Igreja. Precisam estar motivados e ajudar a motivar a outros. Devem ter iniciativa, sendo uma espécie de "locomotiva", que puxa os demais vagões, isto é, que vai à frente abrindo caminhos para os que vêm depois. Esses devem estar atentos para descobrir outras lideranças, formar novas comunidades, multiplicando-as a partir da célula em que estão. Dentre os adultos, devem sair as lideranças dessas comunidades eclesiais missionárias, que podem ajudar a formar líderes que estão em outras faixas etárias, como, por exemplo, entre os jovens e os idosos, que têm grandes potenciais.

Os idosos são de suma importância nessas comunidades, sobretudo os mais debilitados, os que têm dificuldades de irem à Igreja-templo. Acolhê-los bem e lhes dar espaço, para que ajam e interajam, é de grande valia para que eles se sintam acolhidos, amados e respeitados e para que outros possam beber de sua sabedoria. Quanta sabedoria traz uma pessoa idosa! E os espaços dessas comunidades eclesiais missionárias são elementares para aproveitá-la, multiplicá-la, transmiti-la aos demais, a fim de não deixá-la guardada ou que se perca. Nas nossas igrejas-templos, nem sempre há espaço para os idosos partilharem seus conhecimentos, sua sabedoria, sua experiência de fé, e as Comunidades Eclesiais

Missionárias devem possibilitar que tudo isso seja revivido e recuperado. Como um avô ou uma avó ensinam a seus netos, as pessoas idosas ensinarão nessas comunidades, transmitindo seus conhecimentos e ajudando a evangelizar.

As Comunidades Eclesiais Missionárias são espaços para os doentes das famílias viverem e serem igreja. Com seu sofrimento, eles nos ensinam grandes lições de vida. Na Igreja-templo, nem sempre eles podem participar e, quando participam, ficam anônimos. Nas comunidades eclesiais missionárias, nas casas, eles serão protagonistas, sentirão valorizados, e esse jeito de ser igreja lhe será de grande valor, pois será um espaço de recuperação, em que a Palavra de Deus vivida em comunidade ajudará a curar as feridas de qualquer natureza. Quantos milagres poderão ser testemunhados nessas pequenas comunidades ou nessas Comunidades Eclesiais Missionárias! As casas voltarão a ser lugar onde Deus habita porque ali sua Palavra se encarnará. As Comunidades Eclesiais Missionárias serão lugares onde o Verbo se fará carne, ou seja, onde a Palavra de Deus entrará e transformará a vida das pessoas.

Elas alcançarão aqueles que o modelo tradicional de Igreja não alcança: os afastados, os distanciados, os excluídos, os marginalizados e os que nunca se aproximaram. Quanta gente está distante da igreja e, consequentemente, distante de Deus, porque a Igreja não foi até elas, e elas não se sentiram motivadas a irem até a Igreja! Recordo aqui o caso de um filho transexual, que nunca tinha ido à Igreja porque se sentia excluído devido à sua aparência e condição. A partir do momento que sua mãe abriu as portas de sua casa para que ela se tornasse uma Comunidade Eclesial Missionária, recebendo outras pessoas para rezarem juntas, o seu filho, na condição de filha, foi acolhido, amado e tornou-se uma pessoa líder naquela rua, motivando outras pessoas a viverem em comunidade que respeita as individualidades. Muitas outras situações similares serão encontradas quando as famílias dos bairros de nossas paróquias assumirem essas comunidades e entenderem que elas não são "guetos" de iguais, mas que ali se vive a unidade na diversidade, tendo como centro a Palavra de Deus.

Assim, as Comunidades Eclesiais Missionárias cumprirão um importante papel na evangelização e, se forem vividas conforme são propostas, transformarão, de maneira extraordinária, a nossa Igreja, renovando-a nas suas estruturas. Para que isso aconteça, não podemos fazer restrições de pessoas, mas sim multiplicá-las à medida que esses grupos forem crescendo.

IV
COMO FORMAR AS COMUNIDADES ECLESIAIS MISSIONÁRIAS?

Essas Comunidades Eclesiais Missionárias devem ser formadas levando em conta a realidade. Não há um padrão pronto a ser aplicado de norte a sul do Brasil, mas sim pistas de ações que as ajudem a se formarem e se firmarem conforme a realidade em que estão sendo criadas. Pela extensão territorial de nosso país e pelas suas diferenças culturais e sociais, vamos encontrar distintas realidades. Até mesmo dentro de uma mesma diocese ou paróquia, encontraremos realidades díspares, como, por exemplo, uma paróquia de uma grande cidade, que atende bairros centrais, com pessoas que vivem em arranha-céus, e uma de bairros periféricos, com favelas e até comunidades rurais. Em cada uma dessas realidades, as Comunidades Eclesiais Missionárias terão características distintas e distintas pessoas delas participarão. Vemos, portanto, que serão muito diferentes, em alguns aspectos, as Comunidades Eclesiais Missionárias formadas dentro de um prédio, com inúmeras famílias, que pouco se conhecem, da de uma Comunidade Eclesial Missionária formada num bairro rural, onde todo mundo se conhece profundamente. Serão diferentes na localização geográfica e em certas posturas, mas iguais em muitos outros aspectos.

Em todas essas, e em outras realidades, a Palavra de Deus será o centro; em todas elas, as pessoas, independentemente de quem seja, estarão reunidas, rezando e refletindo a mesma Palavra e com o mesmo objetivo de unidade na diversidade. Essas comunidades serão semelhantes naquilo que lhes é essencial e diferentes naquilo que lhes forem circunstanciais, ou de outra natureza própria do local. Portanto, na hora de formá-las, o agente ou coordenador deve ter em conta essas disparidades e clareza daquilo que há em comum em todas elas. Por essa razão, os líderes ou aqueles que estarão à frente dessas comunidades, para formá-las e propagá-las, devem conhecer bem os seus propósitos e seguir as orientações da Igreja. Se ainda pairarem dúvidas, será preciso reler as Diretrizes da Ação Evangelizadora da Igreja no Brasil 2019-2023, sobretudo os capítulos três e quatro.

Enfim, como formar essas comunidades? Elas não podem ser formadas por decreto, mas é fundamental que se tenha uma orientação básica fornecida pela paróquia. Trago aqui algumas dicas e sugestões, com base naquilo que a Igreja vem orientando. Vamos a alguns passos:

Facilita a implantação dessas comunidades se a paróquia já estiver setorizada. A setorização é fundamental para a formação das CEMs e é uma espécie de mapeamento da paróquia, feito por quadras ou bairros, ou por enumeração, ou por nomeação, ou de outra forma que facilite a identificação.

Cada setor deve ter uma ou duas pessoas responsáveis, que serão as líderes principais dessas Comunidades. É bom que os setores não sejam muito extensos para não dificultar os trabalhos. Se forem grandes, que tenham mais pessoas responsáveis. Quanto mais pessoas envolvidas na coordenação, melhor; mas precisa haver uma interação e integração entre elas para facilitar o trabalho e este se desenvolver alcançando mais e mais pessoas.

Esses líderes, ou coordenadores de setores, devem receber formação sobre as CEMs e sobre as Diretrizes da Ação Evangelizadora da Igreja no Brasil. Devem conhecer o Plano de Pastoral da Diocese e da paróquia. Quanto mais preparadas essas pessoas estiverem, mais elas ajudarão na formação dessas Comunidades. Esses líderes têm a missão de formar novos líderes, sobretudo os que vão coordenar as pequenas células, ou CEMs, e acompanhá-las.

Eles serão fundamentais para que as Comunidades sejam perseverantes. Por essa razão, cabe aos líderes ou coordenadores de setores escolherem pessoas certas, prepará-las e acompanhá-las. Aqui está o ponto principal dessas comunidades eclesiais missionárias: terem lideranças perseverantes na missão. Essas pessoas podem ser o próprio pai ou mãe da família que se reúne, um filho ou filha, o genro ou a nora, o avô ou a avó, enfim, alguém que seja referência naquela célula (família ou grupo de famílias) e que mantenha um estreito contato com os coordenadores de setor.

Os coordenadores de setor repassarão aos líderes o roteiro dos encontros e das celebrações, as diretrizes dessas comunidades missionárias; orientarão como eles devem proceder; enfim, oferecerão subsídio, darão formação e os acompanharão para animá-los na missão e ajudá-los a serem perseverantes. É um verdadeiro trabalho em equipe, de modo que todos participem ativa, afetiva e efetivamente.

Embora a periodicidade dos encontros seja uma definição da diocese, pode variar de acordo com cada realidade, cada paróquia, cada setor. Por exemplo, uma diocese pode sugerir, ou definir, que determinado dia da semana seja dedicado às Comunidades Eclesiais Missionárias e seja evitado nesse dia que se marquem outras atividades que possam atrapalhar a celebração, o encontro ou a reunião dessas comunidades. Porém, dentro das paróquias daquela mesma diocese, as demandas podem pedir outro dia, ou outros dias; dentro de um mesmo setor também podem ocorrer variações. O mais importante é que essas comunidades existam, reúnam-se periodicamente e mantenham laços de unidade no setor, na paróquia e na diocese. Os detalhes práticos cada paróquia irá definir conforme a sua realidade.

Como foi dito, a comunidade pode se iniciar com uma ou duas famílias, encontrando-se periodicamente, conforme as indicações, na própria casa, ou seja, na casa de uma família, ou variando de casa conforme o número de família. Podem ser feitos os encontros na sala, na varanda, embaixo de uma árvore, ou mesmo na rua, desde que haja condições mínimas de as pessoas se sentarem e refletirem sobre a Palavra.

Cada grupo de família, isto é, cada CEM, que se reúne, pode ser registrado numa ficha, facilitando assim o acompanhamento dos líderes de setor. Porém é bom evitar burocratizar essas comunidades, pois o objetivo delas é a informalidade. O controle é apenas para melhorar o acompanhamento e poder informar à paróquia quantas famílias se reúnem naquele setor e como elas estão sendo desenvolvidas e vividas.

Esse acompanhamento ajuda também a detectar necessidades e a saná-las, como, por exemplo, crianças em idade de catequese; casais que vivem juntos, mas não têm a situação matrimonial regularizada; pessoas distantes desses e de outros sacramentos; famílias que passam necessidades financeiras e de alimento; famílias com problemas conjugais, de saúde e moradia; idosos desassistidos; entre outras situações. Tudo isso poderá ser melhorado quando a comunidade se unir e se fortalecer. O acompanhamento dessas comunidades fará com que problemas como esses apareçam e careçam da ajuda.

Assim, ao formar Comunidades Eclesiais Missionárias, estejamos preparados para exercer a missão, pois, além de evangelizar, será preciso ajudar a solucionar muitas situações, encaminhando-as para as instâncias competentes. É essa também a finalidade dessas CEMs.

V
QUEM COORDENA AS COMUNIDADES ECLESIAIS MISSIONÁRIAS?

Para que as CEMs funcionem bem, como verdadeiras comunidades eclesiais, e perdurem vivenciando aquilo que lhe é proposto, elas precisam ter à frente coordenadores líderes. Porém líderes nem sempre encontramos prontos. É preciso, portanto, prepará-los para que assumam a coordenação dessas comunidades; e aqui está um dos desafios das paróquias ao implantar as Comunidades Eclesiais Missionárias em seus territórios de jurisdição. Assim, o primeiro passo é conhecer o perfil de um líder e saber quando uma pessoa é de fato líder com o perfil que exige essas comunidades.

Quando falamos de liderança pastoral, ou missionária, ou, ainda, liderança na Igreja, a primeira ideia que vem talvez seja a do pastor, no sentido bíblico do termo: o Bom Pastor (Jo 10,10-18). Aquele que vai atrás da ovelha que se desgarrou do rebanho e que, quando a encontra, a coloca nos ombros e a leva de volta para a segurança do rebanho; que enfaixa a perna daquela que se machucou, depois de fazer procedimentos para curar suas feridas (Ez 34,11-17). É aquele que demonstra amor e que, se preciso for, dá a vida pelo seu semelhante (Jo 10,11). Por essa razão, chamamos, na Igreja, de agentes de pastoral as pessoas que assumem cuidar de uma pastoral.

Agente é aquele que age, que toma iniciativa, que vai atrás e faz as coisas acontecerem sem esperar ou se acomodar. Assim, líder é quem tem esse perfil; e de pessoas com esse perfil que precisamos para cuidar das CEMs.

Para que as comunidades eclesiais missionárias funcionem, elas precisam ter a sua frente, ou em seu comando, líderes, ou seja, homens e mulheres com essa disponibilidade pastoral e esse perfil de liderança. Líder é aquele que domina a arte de gerir pessoas e situações, conquistando-as, influenciando-as, no bom sentido do termo, e motivando-as para a missão. Assim, um líder, ou uma liderança pastoral, é um motivador. Quando um agente de pastoral assume uma Comunidade Eclesial Missionária, assume formar outras lideranças ou despertar outras para que essas assumam a mesma missão, ou seja, assumam uma comunidade e nela descubram outras novas lideranças que, por sua vez, farão a mesma coisa, num ciclo infindo de geração de líderes. Você já imaginou que êxito terão as CEMs se seguirmos essa dinâmica? Elas transformarão totalmente as estruturas da Igreja e lhes conferirão o verdadeiro sentido missionário de uma paróquia "rede de comunidades", já vislumbrada na Conferência de Aparecida e sonhada pelo Papa Francisco quando pensou uma Igreja "em saída".

De início será preciso que os líderes, ou agentes de pastoral que já atuam na paróquia, assumam as primeiras iniciativas, isto é, as primeiras comunidades no seu bairro, na sua rua, no seu condomínio, nas imediações do local onde moram, ou em outro local a que forem chamados como missionários. Uma vez formada uma comunidade eclesial missionária, com essa primeira liderança já experiente na missão de liderar, a missão dessa liderança será descobrir, ou preparar nessa primeira comunidade, outras lideranças. Essas novas lideranças vão assumir essa comunidade e, com o passar dos meses, terão a mesma missão que seu líder anterior: descobrir outras novas lideranças para que assumam novas comunidades, ou novos grupos de famílias que se tornaram novas comunidades eclesiais missionárias. São, portanto, células da Igreja que vão se multiplicando até que todo o bairro, todo o território da paróquia se torne uma rede de comunidades, viva e ativa, que se encontra periodicamente, com os mesmos propósitos missionários. Essa propagação deve ser não apenas incentivada, mas também tida como uma das metas desse projeto de Comunidades Eclesiais Missionárias.

É importante lembrar que, nesse processo missionário, ou nesse ato de liderar, despontar-se-ão pelo menos tipos de líderes, que depois se desdobrarão em outros tipos. De início vamos ter o *líder formal* e *líder informal*, que são os perfis primários de qualquer liderança, em qualquer área.

O líder formal é aquele, cujos perfis já foram citados alguns aspectos, ou seja, é aquela pessoa que já tinha uma liderança na comunidade paroquial, sendo coordenador de alguma pastoral, movimento, grupo ou associação.

O líder informal é aquele que mostra certa liderança, ou perfil de líder, sem ter tido antes uma coordenação oficial. São esses que precisam ser descobertos nas comunidades eclesiais missionárias para assumir a liderança daquela comunidade. Esse tipo de líder, ou de liderança, surge de forma natural, destaca-se nos encontros, na ação e na interação com o grupo, nas reuniões da comunidade, enfim, demonstra interesse no projeto missionário da comunidade.

O líder formal deve perceber o líder informal e tratar de "formalizá-lo", isto é, de dar oportunidade para que ele assuma uma comunidade e passe a liderá-la, coordená-la; assim o líder anterior poderá ir para outra comunidade e descobrir novas lideranças ou novos líderes. Quando esse já conseguiu formar novos líderes, ele também vai para outras frentes, ou seja, para outras comunidades que estão sendo formadas, e lá ajuda a formar não apenas novas comunidades, mas novas lideranças comunitárias.

Nesse sentido, um líder informal passa a ser formal, isto é, a exercer a sua liderança de modo oficial, começando a aglutinar outras pessoas, de modo que elas sigam suas orientações e formem um grupo coeso, que chamamos de comunidade eclesial missionária. A função do líder, antes informal, é de unir as pessoas em comunidade, para que juntos possam alcançar os objetivos desta.

É importante lembrar que a liderança está relacionada com a motivação, pois um verdadeiro líder sabe como motivar as pessoas. Esse é um dos papéis mais importantes dos líderes das comunidades eclesiais missionárias: motivar as pessoas. Somente pessoas motivadas levarão adiante os trabalhos e a própria existência dessas comunidades.

O líder, como disse, não nasce pronto. Ele precisa ser descoberto e ter suas características de lideranças trabalhadas. Há, no entanto, líderes *natos* e *inatos*. Os natos são os que já nasceram com espírito de liderança, bastando algum incentivo e alguma oportunidade para desenvolverem, com muita rapidez, o seu perfil de líder. Os líderes inatos são os que precisam ter lapidadas as suas características de liderança e aperfeiçoados alguns aspectos que o fizeram tornar um líder. Portanto, a liderança é um comportamento que pode ser exercitado e aperfeiçoado, seja o líder nato ou inato; mas os líderes inatos, quando bem preparados, podem desenvolver suas características dentro dos propósitos a que eles estão sendo preparados.

As habilidades de um líder envolvem carisma, paciência, respeito, disciplina, capacidade de influenciar e de, consequentemente, motivar as demais pessoas que estarão nessas comunidades. Há vários estilos de liderança, mas as mais conhecidas são as lideranças democráticas, autocráticas e liberais. Embora essas classificações sejam sociológicas e empregadas mais aos perfis de líderes políticos, elas estão presentes em qualquer liderança, qualquer área, inclusive em lideranças pastorais das quais precisamos para a formação e o desenvolvimento das CEMs.

O líder, quando é democrático, estimula a participação da comunidade na missão e orienta as atividades, de modo que todos participam de forma espontânea, sentindo que a comunidade é de todos, e todos são responsáveis por ela, sem aquela sensação de que há um "chefe" na comunidade, ou alguém que manda. É um tipo de liderança participativa, cujas decisões são tomadas após reflexão em comunidade.

Já a liderança autocrática tem perfil mais autoritário, que impõe suas ideias e decisões na comunidade. Esse tipo de liderança não ouve a decisão da comunidade; age mais pela sua própria cabeça. Ele sempre vai querer ter a primeira e a última palavra. Há muitas lideranças desse tipo na Igreja, inclusive entre padres, diáconos, freiras, seminaristas, ou outras pessoas consagradas, e entre pessoas leigas. Esse tipo de liderança não ajuda a comunidade crescer e é preciso estar atento a esse perfil. Se as comunidades eclesiais missionárias formarem líderes com esse perfil, elas correm o risco de se tornarem grupos fechados, sob o comando de uma única pessoa, sem o verdadeiro sentido de comunidade, e dificilmente se propagarão da forma que foi sugerida. Temos muitos grupos na Igreja cujos líderes têm esse perfil. É preciso ter precaução, pois esse tipo de liderança pode não ser descoberto de imediato e, por essa razão, provocar a estagnação e o retrocesso da comunidade que está sob seu comando.

A liderança liberal tem muitos aspectos positivos. Ela passa para a comunidade um caráter de liberdade e total confiança, delegando funções e incentivando a participação de todos. Por ela delegar as funções, sua participação na execução das ações, de certa forma, será limitada. Porém ela está motivando outros a agirem, e isso é fundamental nas CEMs. Esse tipo de líder intervém pouco nas ações dos demais e, por essa razão, pode passar a imagem de falta de liderança, ou de falta de comando; mas ele sabe como conduzir as coisas. É um líder que dá total espaço para seus colaboradores, permitindo que eles se sintam à vontade para tomar iniciativas, criar, desenvolver e aplicar ideias inovadoras. Essas características de liderança pastoral é bem-vinda quando a equipe é bem preparada e não precisa mais de alguém cobrando a todo instante. Porém, é preciso tomar cuidado com esse tipo de liderança, porque as coisas podem ficar muito soltas e perderem os rumos e os objetivos a serem alcançados.

Esses são alguns tipos de liderança que vamos descobrir, ou que precisam ser descobertos nas comunidades eclesiais missionárias. Eles vão coordenar e despertar outros coordenadores para que as comunidades se multipliquem não apenas em número de comunidades, mas, sobretudo, em número de coordenadores, isto é, de lideranças pastorais e missionárias. Se as CEMs conseguirem ser sementeiras de lideranças, elas cumprirão seu papel missionário e terão alcançado aquilo que se propõe: a ampliação do processo de evangelização.

VI
COMO CAPACITAR OS LÍDERES DAS COMUNIDADES ECLESIAIS MISSIONÁRIAS?

Para que as CEMs se desenvolvam com eficácia, é preciso que elas tenham no seu comando, ou na sua coordenação, como apontado nos capítulos anteriores, líderes capacitados. Não basta uma pessoa ser líder para estar preparada, é preciso preparar os líderes para que eles estejam capacitados conforme a orientação da Igreja. Quanto mais preparado um líder estiver, mais capacidade de acompanhar e conduzir uma CEM ele terá. Nesse sentido, busco trazer aqui algumas ideias e sugestões de capacitação dos líderes para as Comunidades Eclesiais Missionárias. Apontarei seis aspectos fundamentais, que podemos considerar a formação básica para aquele que vai coordenar o projeto das CEMs. São seguintes:

- ► Trabalho em equipe;
- ► Noções básicas de hermenêutica, ou interpretação bíblica;
- ► Método de oração, ou leitura orante da Palavra;
- ► Noções básicas de Eclesiologia;
- ► Planejamento e organização pastoral;
- ► Ardor missionário;
- ► Subsídios de formação e roteiros de encontros e celebrações;

São seis dimensões formativas. Precisamos estar atentos a elas para que as CEMs, de fato, sigam como verdadeiras Comunidades Eclesiais Missionárias. O agente, ou líder dessas comunidades, não precisa ser perito em nenhuma delas, mas apenas ter uma noção básica, pois isso já será suficiente para que o projeto se desenvolva. Depois, é buscar se aperfeiçoar sempre, sendo autodidata, sem descuidar da sua própria formação e atualização, nem da formação e atualização da comunidade por que está responsável.

a) Trabalho em equipe

Não podemos esquecer, em nenhum momento, que estamos tratando de comunidades eclesiais missionárias, e não de uma comunidade qualquer; se nelas não houver partilha, solidariedade, oração, missão, distribuição de funções, entre outros procedimentos, não será comunidade eclesial missionária, mas sim um grupo qualquer que se reúne. Nesse sentido, o trabalho em equipe é fundamental, pois não existe comunidade em que não há trabalho em equipe. Quem coordena essas comunidades precisa saber trabalhar em equipe e motivar esse procedimento em todos. A pessoa, líder dessas comunidades, não pode querer fazer tudo sozinha; querer aparecer simplesmente por vaidade pessoal; querer que a comunidade dependa exclusivamente dela, entre outros procedimentos egoístas. É prejudicial para a comunidade e para a Igreja quando um líder é egoísta e centralizador, não permitindo, ou não dando espaço, que outros o ajudem ou coloquem em comum seus dons e talentos.

Há lideranças assim, centralizadoras e egoístas, que são visíveis, aparecem, mas que são negativas. Esses são líderes que dificultam o crescimento da Comunidade, pois são como os eucaliptos, que não permitem que nenhuma outra planta cresça à sua sombra, tornando o solo árido e ressequido à sua volta, sugando tudo de bom para si. Assim, no processo de formação dos agentes, ou líderes que estarão à frente das CEMs, é preciso cuidar desse aspecto ou procedimento e erradicá-lo antes que prejudique a comunidade. Se o líder tiver um perfil centralizador, será preciso rever a sua liderança e buscar transformá-la em liderança positiva, que some e agregue, e não disperse e divida. Nem sempre percebemos isso em nós, na nossa atuação como liderança. Geralmente são as outras pessoas que percebem esse comportamento em nós. Desse modo, é preciso dar abertura para que outras pessoas nos ajudem a mudar esse perfil, caso ele seja constatado. Para isso é preciso humildade, pois nem sempre lidamos bem com as correções e as críticas. Um bom líder é aquele que está aberto a correções e às mudanças, crescendo com humildade e com a comunidade. Enfim, os líderes das CEMs precisam ser pessoas que trabalhem em equipe, formando verdadeiras comunidades, em que não há "chefe" ou "dono", mas sim pessoas que vivem a alegria de ser missionária.

b) Noções básicas de hermenêutica bíblica: formação bíblica

Outro aspecto importante para quem está na liderança das CEMs é ter certa formação bíblica. Não precisa ser um exegeta, isto é, alguém perito em Bíblia, mas alguém que tenha certa condição de fazer uma boa interpretação bíblica, fundamentada na orientação e tradição da Igreja, de maneira que os textos lidos encarnem na realidade daquela comunidade, ajudando-a a crescer na fé e transformando-a, de modo que desperte nas pessoas o interesse pelo texto lido e, consequentemente, o compromisso pastoral e missionário. Não pode, portanto, ser uma leitura fundamentalista e superficial, apenas com conotação "espiritualista", encarnada na realidade social e eclesial, como "verbo que se faz carne e habita entre nós". Para isso é preciso que aquele que coordena tenha esse domínio e a formação adequada, que o possibilitem fazer essa condução sem imposição. É preciso, no entanto, que ele se interesse em fazer um bom curso bíblico[2]. Leia livros e subsídios de biblistas conceituados, pois eles oferecem uma ótima capacitação a quem os estuda com mais dedicação.

As CEMs refletirão, com muita frequência, sobre as leituras dominicais (e até as semanais) da liturgia. É preciso que o líder procure ler antes roteiros homiléticos referentes a essas leituras para fazer uma boa reflexão e oferecer pistas para que os demais membros da comunidade também reflitam de modo consistente. Um bom coordenador é aquele que motiva as pessoas a refletirem sobre a Palavra, oferecendo pistas que ajudam os demais a extraírem dela muita riqueza.

c) Método de oração, ou leitura orante da Palavra

Como a ferramenta principal das CEMs é a Palavra de Deus, os líderes dessas comunidades precisam ter o domínio de um bom e eficaz método de leitura e reflexão da Palavra. Nesse sentido, a Igreja recomenda o método da leitura orante, ou lectio divina. São aqueles cinco passos fundamentais

---

[2] Cuidado com os cursos *on-line*, oferecidos em sites da internet, pois nem sempre são confiáveis. Se os fizer, verifique antes as fontes, quem está oferecendo e peça informação ao seu pároco sobre o tal curso bíblico antes de fazê-lo.

para uma boa leitura que tanto ajuda a entender e viver a Palavra: 1) Leitura; 2) Meditação; 3) Contemplação; 4) Oração; 5) Ação.

Esse é o método a ser aplicado nos encontros das CEMs. É ele que ajudará a conferir o perfil de unidade entre todas as Comunidades Eclesiais Missionárias da Igreja, de qualquer parte do Brasil. Esses passos devem ser "decorados", no sentido de serem guardados no coração, para serem aplicados de modo espontâneo durante os encontros. Ele se aplica da seguinte maneira:

Leitura do texto bíblico indicado: no primeiro passo, o texto indicado é lido pausada e ininterruptamente. Depois, pede-se que cada um leia novamente, em silêncio, e pausadamente o texto, com as seguintes perguntas previamente direcionadas para o grupo:

➤ *O que diz o texto?*

Esse primeiro passo é para um "desbravamento" do texto. O dirigente, ou líder, já deve vir com o texto lido e refletido de casa, ou seja, já ter feito prévia e individualmente a leitura orante, com o método da *lectio divina*. Depois da leitura comum e individual, cada um pode partilhar o que entendeu do texto.

Meditação do texto lido: dado o primeiro passo, vem o segundo, a meditação. Na meditação é momento de se aprofundar mais no texto lido. Cada um pode repetir uma frase do texto que mais lhe chamou a atenção ou lhe tocou. Depois que todos, ou a maioria, fizerem esse exercício, lance a pergunta:

▶ *O que esse texto me diz?*

Neste momento o objetivo é que cada pessoa extraia algo do texto para si. Um texto pode e deve dizer coisas distintas para diferentes pessoas; nisso consiste uma das riquezas da leitura orante feita em comunidade.

Deixe um tempo para que todos partilhem o que o texto lhe disse. Depois que todos partilharem, fazer uma segunda pergunta:

▶ *Como aplicar essa mensagem hoje?*

Conceda mais um tempo para que reflitam e partilhem. Depois que todos, ou a maioria, partilharem, dar o terceiro passo.

Contemplação do texto lido e meditado: o terceiro passo consiste na contemplação da Palavra e naquilo que ela fez pensar ou meditar. É momento de ver a realidade com os olhos de Deus. Nesse terceiro momento, quem coordena poderá possibilitar uns instantes de silêncio ao grupo, com uma música suave de fundo; poderá deixar o espaço na penumbra, enfim, criar um ambiente que possibilite a contemplação, para que cada um mergulhe no mistério de Deus. Para esse momento não há necessidade de nenhuma pergunta provocadora. As provocações já foram feitas. É hora apenas de contemplar Deus face a face, a partir da sua Palavra reveladora da sua imagem. Depois de certo tempo, previamente calculado, sem pressa, mas também sem se alongar muito, passa-se para o quarto passo.

Orar a Palavra lida, meditada e contemplada: o quarto passo consiste na oração. Depois de cada um ter lido, meditado e contemplado a Palavra de Deus na sua realidade e na realidade da comunidade, é o momento de orar, de rezar o que foi visto, iluminado e meditado pela luz da Palavra. Nesse momento, quem dirige faz a pergunta norteadora da oração:

➤ *O que esse texto me faz dizer a Deus?*

Esse é o momento de conversar com Deus, portanto é preciso que se tenha mais um momento de silêncio. Depois desses instantes, quem coordena motiva a partilha da oração, pedindo que cada um diga, por meio de preces ou louvores, o que o texto lhe fez dizer a Deus, e o que Deus lhe disse com aquele texto. Esse é um momento muito rico do encontro, pois permite que as pessoas partilhem coisas e situações que são do fundo do seu coração, da sua alma e até coisas que estavam no seu inconsciente, que vieram à tona, motivadas pelos passos dados anteriormente. Quem coordena deve estar seguro, saber conduzir esse momento, para que as pessoas sintam liberdade em falar, sejam respeitadas naquilo que partilhar, e evitar atitudes que possam fugir ao controle, como, por exemplo, incentivar situações emocionais extremadas, ou outras atitudes que possam ficar apenas no campo das emoções. Não é ocasião para as pessoas "falarem em línguas", por exemplo, ou entrarem em transe individual ou coletivo. É importante lembrar que as CEMs devem ter outra característica: reflexão lúcida e encarnada na realidade, e não reflexões focadas no campo das emoções e de dimensões sobrenaturais. Por essa razão, a pessoa que coordena precisa ter formação consistente e saber lidar com as emoções, controlando-as para que os encontros das CEMs não se transformem apenas em grupos de oração carismáticos. Elas serão também grupos de oração, mas com outra perspectiva.

Agir a partir da leitura, meditação, contemplação e oração: Por fim, o quinto passo do método: a ação. Todos os encontros das CEMs devem ter, no final, um gesto concreto. Assim, nesse momento da leitura orante, quem coordena deve fazer as seguintes perguntas:
- O que esse texto me leva a viver?
- O que esse texto nos leva a fazer?

Dar espaço para que, mais uma vez, todos, ou a maioria, falem e, ao final, vejam com a comunidade o que ela pode assumir, na prática, daquilo que foi dito, partilhado pelo grupo. É importante que seja algo concreto e que esteja ao alcance da comunidade. Haverá pessoas que vão dizer coisas, como, por exemplo, que o texto pede para mudar o mundo. No entanto, apesar de lindo esse propósito, ele é muito genérico e não vai sair da teoria. É preciso algo mais palpável, mais ao alcance real das pessoas, sem utopias. Quando propostas dessa natureza saírem, quem coordena deve sugerir que o grupo assuma algo que consiga de fato fazer para o seu semelhante, como, por exemplo, ajudar uma família carente com alimentos, com emprego; visitar doentes; solidarizar-se com necessitados da rua, da comunidade ou do bairro etc.

d) Noções de eclesiologia

Quanto ao conhecimento eclesiológico, é importante que os líderes o tenham, pois estarão na organização e articulação das CEMs e precisarão conhecer: a Igreja em todas as suas instâncias, desde as propostas do Papa Francisco, para uma Igreja "em saída", até as propostas do Episcopado Latino-americano e do Caribe, sobretudo do Documento de Aparecida; as propostas da CNBB, conhecendo as Diretrizes Gerais da Ação Evangelizadora da Igreja no Brasil; as propostas da diocese, isto é, o planejamento e o Plano de Pastoral diocesano; e as propostas da sua paróquia para as CEMs, que foram indicadas e aprovadas na assembleia paroquial.

Assim, com essa visão conjuntural, os agentes de pastoral, ou líderes das CEMs, terão uma visão eclesiológica que possibilitará que eles desempenhem sua missão em consonância com aquilo que a Igreja vem pedindo, não desvirtuando o projeto missionário nem imprimindo nessas comunidades características que destoam daquilo que a Igreja propõe.

e) Planejamento e organização pastoral

Outro procedimento formativo importante desses agentes é em relação ao planejamento e à organização pastoral e missionária, para que essas Comunidades, apesar da informalidade, estejam articuladas entre si, com a paróquia e com a diocese. Para isso os líderes das CEMs precisam ser pessoas organizadas e atuar de modo planejado, sempre respeitando aquilo que a paróquia e a diocese têm apontado. Esse planejamento é indicado pela diocese e executado pela paróquia, por meio dos líderes que ajudarão a formar essas comunidades e as acompanharão. Caso alguma comunidade demonstre não ter um planejamento específico, claro e consistente, o coordenador deverá tomar a iniciativa de fazer tal articulação, de modo que as CEMs tenham a organização e o planejamento necessários para que cresçam e frutifiquem, alcançando aquilo a que elas se propõem, ou aquilo que a Igreja, nas suas diversas instâncias, propõe para as CEMs. Essas comunidades precisam ter certa organização e articulação para funcionarem, e quem deve cuidar desse aspecto tão importante são os líderes que estarão à frente delas. Essa postura revelará a missionariedade dos coordenadores das Comunidades Eclesiais Missionárias.

f) Ardor missionário

E, por falar em missionariedade, o ardor missionário é característica fundamental de quem coordena as CEMs. Elas são comunidades Eclesiais Missionárias e precisam ter à sua frente, no seu comando, pessoas com ardor missionário. Assim sendo, é importante que cada coordenador de comunidade busque se preparar no âmbito missionário, conhecer sobre missão, saber qual é a sua missão, a missão dessas comunidades e a missão da Igreja. Somente assim eles serão pessoas que imprimirão o caráter missionário nessas comunidades.

g) Subsídios de formação e roteiros de encontros e celebrações

É importante destacar que, periodicamente, os líderes devem se reunir para formação sobre as CEMs. Essas formações devem ser propostas pela diocese e pela paróquia. Além das formações periódicas, devem-se ter também subsídios, roteiros de encontros e celebrações, para que os líderes dessas comunidades tenham um material a se guiar. Nos tempos fortes da liturgia, como, por exemplo, Quaresma e Natal, ou na celebração do padroeiro da paróquia, as CEMs poderão se guiar pelos subsídios próprios desses tempos, mas sem perder as características de comunidade eclesial missionária.

Enfim, essas são algumas indicações básicas para capacitar os líderes das Comunidades Eclesiais Missionárias implantadas na paróquia. Cada pároco, ou responsável pela paróquia, deverá ter esse cuidado na formação desses líderes, e estes, por sua vez, deverão ter a mesma preocupação com os outros líderes que serão formados por eles.

VII
O QUE FAZER NAS COMUNIDADES ECLESIAIS MISSIONÁRIAS?

Uma das dúvidas mais comuns, quando um projeto pastoral ou missionário é implantado na paróquia, é sobre o que fazer quando se trata de comunidades ou grupos que se encontram com frequência. Essa preocupação procede porque, se não sabemos o que fazer, o projeto tende a fracassar. Às vezes, a proposta é bonita, mas não tem consistência porque não existe um roteiro a ser seguido, ou não há materiais adequados que alimentem os grupos ou comunidades. E não será diferente com as Comunidades Eclesiais Missionárias. Elas precisam ter roteiros previamente preparados para que seus coordenadores e as próprias comunidades se sintam seguros nas ações. Por essa razão, dedico este breve capítulo para apontar algumas ações que farão com que essas Comunidades tenham motivações para agir.

Desse modo, reforço que, ao criar essas comunidades, a paróquia já deve oferecer um subsídio prévio, com o roteiro das celebrações ou com os encontros que essas comunidades deverão fazer, sem períodos de interrupções por falta de material. Não precisa ser um único roteiro, extenso, para o ano todo, mas sim podem ser vários roteiros, por etapas, cada um com alguns encontros, que podem variar de acordo com cada diocese ou paróquia, e com cada período ou tempo litúrgico, ou outro demarcador de tempo que a diocese ou paróquia queiram destacar. O importante é que esse roteiro, ou subsídio, seja motivador, sobretudo se for o primeiro a ser usado, pois, por se tratar do primeiro material, ele precisa ser atrativo, motivador, despertar nas pessoas que vão usá-lo o interesse de levar o projeto adiante. Não precisa ser algo sofisticado, ou complexo, porque isso em vez ajudar poderá atrapalhar. É preciso que seja prático, reflexivo, orante e que proponha ações que deem vivacidade a essas comunidades.

Tendo esse primeiro subsídio, já é o primeiro passo. Enquanto as comunidades estão usando esse primeiro subsídio, a paróquia, ou a diocese, já deve preparar o próximo, nos mesmos moldes, ou no mesmo estilo. É importante que eles tenham certa padronização, porque isso confere uma identidade às Comunidades ou aos roteiros dessas comunidades e ajuda a comunidade a se identificar com eles. Como a Igreja já tem roteiros para certos tempos específicos, como, por exemplo, o Tempo da Quaresma e o Tempo do Advento, esse subsídio das CEMs deve ser similar em alguns aspectos, porém diferente em outros, para que as pessoas não imaginem que seja apenas uma continuidade das novenas do Natal ou da Quaresma. Pode ser parecido na estrutura ou no roteiro, mas não precisa ser o mesmo número de encontro. Nesses tempos citados são nove encontros, ou seja, são novenas. Os roteiros elaborados para as CEMs podem ser de acordo com as semanas do Tempo Litúrgico, ou com outros parâmetros de tempo. O Tempo Comum, por exemplo, que é o maior do calendário litúrgico, com trinta e quatro semanas, e que, comumente, não há subsídios específicos, ou novenas, poderá ser feito de três a quatro subsídios de modo que todo esse tempo litúrgico seja contemplado. Na primeira parte do Tempo Comum, que tem em média de sete a oito semanas, a equipe poderá preparar um subsídio com encontros de acordo com o número de semanas desse tempo. Na segunda parte, que é bem maior, a equipe organizadora poderá fazer três ou quatro subsídios separados, com temáticas distintas. Nesses poderão incluir celebrações como, por exemplo, a do padroeiro, caso coincida com a festa do padroeiro da paróquia; ou de algum santo relevante do calendário litúrgico ou da diocese, ou de Nossa Senhora; ou também, de algum evento da Igreja, ano temático, jubileu etc.; ou ainda de acordo com alguma Instituição, Congregação ou Ordem Religiosa, caso a paróquia esteja sob os cuidados de padres religiosos; e outras ocasiões que possibilitem que as Comunidades Eclesiais Missionárias celebrem com a mesma sintonia. Desse modo, as CEMs terão, durante essa primeira parte do Tempo Comum, um subsídio com sete ou oito encontros e, na outra parte, de três a quadro subsídios diferentes, dividindo a segunda parte do Tempo Comum dessa ou de outras maneiras que os organizadores acharem conveniente.

Nos outros Tempos Litúrgicos, os roteiros das CEMs poderão seguir da mesma forma quanto aos encontros, apenas respeitando o Tempo da Quaresma e o Tempo do Advento, que são tempos fortes da Igreja e que já têm subsídios próprios. Nesse caso, as CEMs deverão usar esses subsídios, que geralmente são feitos pela CNBB ou seus regionais, ou por editoras católicas, ou ainda pela própria diocese ou paróquia, a não ser que o bispo local dê outra orientação. É bom que as CEMs façam as novenas de preparação para a Páscoa e para o Natal, que são dois tempos relevantes da liturgia de nossa Igreja. Nos tempos da Páscoa e do Natal as CEMs deverão ter materiais próprios para continuar se reunindo também nesses períodos litúrgicos. O importante é que não haja lacunas nos tempos litúrgicos dificultando o encontro dos participantes dessas comunidades. Essas lacunas, ou interrupções, são prejudiciais porque fazem com que esfrie o ardor missionário e as pessoas fiquem desmotivadas. Por essa razão, preparar subsídios, para que as Comunidades tenham roteiros para os seus encontros, o ano todo, confere dinamicidade a elas e ânimos aos seus coordenadores e participantes.

Outra iniciativa importante para a animação missionária dessas comunidades é aproveitar os tempos específicos e extraordinários para motivar os seus encontros. Por exemplo: se o padroeiro da paróquia for São Benedito, aproveitar as semanas que antecedem a celebração solene do santo para motivar as comunidades a se encontrarem e celebrarem o padroeiro, preparando-as espiritualmente, para que se abasteçam para a missão. Para isso é importante que sejam confeccionados, com antecedência, os roteiros com encontros temáticos, de acordo com a festa celebrada. Quanto mais criatividade for usada na preparação e aplicação desse material, mais ele cumprirá sua missão de evangelizar e animar as CEMs.

Vistos os tempos e as ocasiões que se devem ter subsídios, ou roteiros apropriados, vejamos agora algumas dicas práticas para a elaboração desse material. Como foi dito, que seja um subsídio com alguns encontros, que não podem ser muito extensos, ou seja, não deverão ultrapassar o tempo que dura uma missa. O tempo de aproximadamente uma hora é ideal para um encontro ou celebração das CEMs, podendo ser um pouco menos, ou um pouco mais, sem ultrapassar muito uma hora para não o tornar cansativo, porque, se os encontros forem muito demorados e cansativos, as pessoas se desmotivarão. Desse modo, quem coordena deve ter o bom senso de calcular e gerir o tempo.

Se o roteiro for de uma celebração, e não o de um encontro formativo, ele deve conter os seguintes momentos, previamente calculado o tempo para cada um deles:

- Acolhida;
- Momento penitencial, ou de exame de consciência;
- Recordação da vida;
- Liturgia da Palavra;
- Preces;
- Momento de Louvor e agradecimentos;
- Orações (Pai-nosso, Ave-Maria, e/ou outras);
- Avisos finais e gesto concreto.

Esse é um esquema básico para elaborar um roteiro de celebração das Comunidades Eclesiais Missionárias. Entre um tópico e outro, podem ser colocados cantos e orações.

Acolhida: nesta parte, faça algo espontâneo, mesmo que o roteiro tenha algum texto pronto. Apenas ler um texto pronto pode deixar a celebração, ou o encontro, muito formal e técnica, e a pessoa coordenadora não pode ser apenas um dirigente técnico, cumpridor de um roteiro. Pode até ser lido o texto pronto, mas é bom que aquele que estiver dirigindo a celebração complemente com uma acolhida espontânea, contextualizando a celebração.

Momento penitencial ou de exame de consciência: algo que ajuda a celebrar melhor é propiciar um momento de revisão de vida e de pedido de perdão, embora esse momento não deva configurar ato penitencial ou momento de confissão. Não é um ato penitencial no sentido estrito do termo, como se faz numa missa, nem confissão comunitária, mas um momento para se colocar diante de Deus e da comunidade eclesial reunida, com humildade, reconhecendo a sua pequenez e pedindo a misericórdia de Deus. Esse momento pode ser seguido conforme o roteiro, ou incrementado com algum gesto ou alguma dinâmica, caso o roteiro não sugira tais procedimentos. Quem coordena prepara esse e os demais momentos da celebração, para que eles transcorram num clima orante e, ao mesmo tempo, celebrativo e festivo.

Recordação da vida: a recordação da vida é um momento muito especial da celebração ou do encontro das CEMs. É quando a comunidade traz presente os fatos importantes daquela semana, seja no âmbito geral dos acontecimentos relevantes do mundo, sejam os acontecimentos da sua região, cidade ou do seu bairro, ou da sua vida particular. Podem ser acontecimentos bons ou lastimáveis. Quem coordena deve proporcionar um momento adequado para que a maioria dos participantes partilhe algo. É bom evitar que o grupo entre em debate sobre o tema partilhado, pois isso faria com que a celebração se estendesse em demasia e perdesse seu foco principal. Esse momento pode ser concluído com um canto ou uma oração.

Liturgia da Palavra: é o momento da leitura bíblica, que pode ser apenas um texto do evangelho, ou mais leituras, conforme o indicado no roteiro. Como sinalizado antes, a comunidade deve refletir sobre os textos da liturgia, seja ela dominical ou semanal, mas também pode refletir sobre os textos opcionais e especiais, de acordo com os propósitos do tempo litúrgico, da temática que está sendo celebrada e do encontro. Porém, é importante que seja feita a leitura usando o método da leitura orante, ou lectio divina, conforme o indicado. Quem coordena deve conhecer bem esse método para aplicá-lo nesse momento, extraindo das leituras, a partir da partilha da comunidade, toda a riqueza da Palavra. Caso não tenha um roteiro, poderá ser feito apenas o da *lectio divina*, pois, com seus cinco passos, já é uma espécie de encontro que pode muito bem suprir a necessidade da comunidade.

Preces ou pedidos a comunidade: possibilitar um momento de preces, de pedidos da comunidade também é muito importante nas celebrações das CEMs. Esses pedidos poderão ser previamente preparados ou espontâneos. Como a informalidade é uma das características das CEMs, deixar o momento das preces, para que as pessoas façam pedidos espontâneos; isso é muito valioso, pois, em momentos como esses, a comunidade sente o valor do encontro e pode manifestar seus desejos publicamente, em voz alta, na certeza de que Deus e os demais da comunidade estão irmanados naquele seu desejo. As preces também podem ser concluídas com um canto, ou uma oração feita por todos, motivado por quem coordena.

Louvor e agradecimento: como as preces espontâneas são importantes, o louvor e agradecimento também são. Para isso, fazer uma boa motivação faz toda diferença para o êxito dessa manifestação dos participantes. A motivação de quem coordena é que fará com que os louvores e agradecimentos sejam uma parte fecunda da celebração. Não há necessidade de se estender muito, mas deixar que as pessoas se manifestem, livre e espontaneamente, é importante, porque isso toca os participantes, deixando-os bem entusiasmados com a participação. Os louvores podem ser intercalados com cantos, ou com palavras que demonstrem o júbilo do encontro, porém sem que as pessoas entrem "catarse coletiva", no sentido psicanalítico do termo, ou tenham expressões fanáticas que beirem ao transe. Quem coordena deve ter o controle da situação e coibir qualquer manifestação exagerada que possa vir a ocorrer. Tudo depende de quem coordena o encontro. O louvor ou agradecimento devem ser algo sereno e tranquilo.

Orações: já finalizando o roteiro da celebração, quem coordena motiva a oração do Pai-nosso, Ave-Maria, ou uma dezena do terço se preferir, sempre levando em conta o tempo, pois, como já foi dito, é importante não ultrapassar uma hora de encontro ou celebração.

Gesto concreto: por fim, deixe um espaço para avisos da comunidade, como, por exemplo, o local da próxima celebração ou do próximo encontro, as informações da paróquia e o gesto concreto. Recordo que o gesto concreto de cada encontro não pode ser algo utópico, inatingível, mas algo que esteja ao alcance da pessoa e da comunidade, e a comunidade e o indivíduo devem se esforçar para fazê-lo. Nessa ocasião poderá também haver um espaço para partilhar as ações concretas assumidas na celebração anterior.

Bênção final: depois dos avisos, da partilha, do gesto concreto e de ter assumido um novo compromisso, o encontro ou a celebração podem ser encerrados com uma bênção dada pelo coordenador, ou por alguém da família que recebeu na sua casa o encontro, ou conforme o indicado no roteiro.

Neste subsídio, terão também indicações de outros roteiros de encontro e celebrações das CEMs que podem ser realizados como aqui indicados ou adaptados conforme a realidade da Comunidade. O mais importante é que as comunidades não interrompam seus encontros ou suas celebrações por falta de roteiro. Se vier a faltar roteiro, quem coordena deve providenciá-lo e acionar o pároco, ou responsável, para que novos roteiros sejam providenciados para os encontros e as celebrações futuras das CEMs.

VIII
QUAL O PAPEL DO PADRE NAS COMUNIDADES ECLESIAIS MISSIONÁRIAS?

Uma dúvida que muitos agentes de pastoral têm é sobre o papel, a missão ou participação do padre nas CEMs. Há padres que têm certo receio de apoiar ou desenvolver o projeto das CEMs porque pensam que terão que celebrar missa em todas elas e não dariam conta. E não dariam mesmo, porque a proposta é ter diversas Comunidades Eclesiais Missionárias numa paróquia. Porém, não é para ter missa nessas comunidades todos os domingos, como se elas fossem uma capela ou igreja no sentido tradicional do termo. Para elucidar essas e outras dúvidas, quero, neste capítulo, tratar de esclarecer qual é o papel, ou a missão do padre, seja ele pároco ou não, nesse modelo de comunidade eclesial.

Antes, porém, quero lembrar que essas comunidades devem ser predominantemente organizadas e dirigidas por pessoas leigas. Não haveria possibilidade de o padre dar assistência, com missas semanais, a essas comunidades, como se elas fossem uma capela, nos moldes tradicionais, em que há missas frequentes e demais sacramentos. Não é essa a proposta das CEMs, pois, se assim fosse, estaria apenas sendo reproduzido e ampliado um modelo já existente de comunidade eclesial e não haveria nada de novo nesse projeto missionário. A novidade consiste no protagonismo dos leigos nessas comunidades, com encontros frequentes, sem a dependência da presença física do padre. Este deve, vez por outra, visitar algumas dessas comunidades e celebrar em algumas delas, mas isso não é a principal característica dessas comunidades, nem a razão de elas existirem. Nelas as famílias são protagonistas da evangelização. O padre apenas ajudará a fomentar e animar essas comunidades, acompanhando-as a distância, por meio dos seus informantes privilegiados, que são os líderes dessas comunidades. Esses terão um contato muito próximo com o padre, e o padre com eles, tendo, assim, um acompanhamento que não significa presença física, mas presença espiritual. O fato de o padre não estar presente nos encontros e nas celebrações das CEMs não significa que ele esteja ausente. Há muitas formas de ser presença sem estar literalmente presente. Ele as acompanhará, por meio da participação dos coordenadores, que serão uma espécie de seus braços e suas pernas. Além disso, o sacerdote estará muito presente no processo de elaboração dos subsídios, na implantação das comunidades, na formação dos agentes e nas informações trazidas por eles.

O que dizem as Diretrizes Gerais da Ação Evangelizadora da Igreja no Brasil (2019-2023) sobre o papel do padre nessas Comunidades? Trouxe a seguir alguns apontamentos desse Documento.

Investir nas CEMs: A primeira e, talvez, a mais importante missão do padre, ou, mais especificamente, do pároco, nessas comunidades, é o investimentos nelas, apostar nelas, acreditar nelas e fazer com que elas aconteçam. Se o padre não der apoio, essas comunidades dificilmente existirão e frutificarão. A paróquia não terá as CEMs se o pároco não acreditar nelas.

Acreditar é fomentar, possibilitando que o projeto missionário aconteça. Desse modo, as Diretrizes afirmam: "investir em comunidades que se compreendam como missionárias, em estado permanente de missão, indo além de uma pastoral de manutenção e se abrindo a uma autêntica conversão pastoral" (n. 189). Essa afirmação está também no Documento de Aparecida (n 366, n. 370). Assim, é preciso que o pároco tenha total ciência do que sejam essas comunidades, e como elas devem agir e interagir com a paróquia, e a paróquia com a diocese. Quando o documento diz "comunidades que se compreendam missionárias", está indiretamente afirmando que o pároco, ou quem faz a sua vez, deve também se compreender missionário, e aqui está outro procedimento relevante da parte do padre em relação a essas comunidades.

Ser um padre missionário: para que as Comunidades Eclesiais sejam de fato missionárias, o padre precisa antes ser missionário. Dificilmente haverá comunidade missionária numa paróquia em que o seu pároco não se compreenda missionário, ou não tenha perfil missionário. Elas podem até existir, graças aos leigos missionários da paróquia, mas terão muito mais dificuldades, porque um padre que não é missionário não terá posturas missionárias e não vai gerir a paróquia com características missionárias. Assim sendo, com certa redundância proposital, é missão do padre ser missionário.

Dar novas respostas aos novos desafios: o padre, pastor missionário, é aquele que busca dar respostas novas a velhos e novos desafios da Igreja no mundo atual; isso requer do padre que ele se desinstale, saia da mesmice das suas ações pastorais sempre iguais e se lance a novos desafios missionários, para águas mais profundas. Dizem as Diretrizes: "novos lugares, novos horários, linguagem renovada e pastoral adequada às novas demandas da população são algumas características das respostas esperadas" (n. 189). Novos lugares significam que não é somente na Igreja, no templo, o lugar de encontro com Deus e com os irmãos, nem somente naqueles horários clássicos de missas e demais sacramentos e atendimentos; significam ampliar os lugares de celebração e encontros, com novos horários, de acordo com a realidade de cada uma das CEMs que existirem na paróquia. Isso possibilitará uma maior participação.

Olhar atento: o olhar atento do pastor é que dá segurança ao rebanho. Quando o padre de fato acompanha a sua paróquia e tudo o que nela acontece, ele se revela um verdadeiro pastor. Esse procedimento não é diferente do acompanhamento das CEMs. Ele não estará fisicamente nelas, mas estará atento a elas, acompanhando o seu andamento e, ao mesmo tempo, com um olhar na realidade que as cerca. Como o pastor que cuida do rebanho, atento para que nenhuma ovelha se desgarre ou se desvie, o padre deve estar atento a essas comunidades, à realidade à sua volta e também olhar mais longe, enxergar mais além, ter perspectivas de missão. Dizem as diretrizes: "Acompanhar de perto a realidade urbana com a criação de observatórios ou organismos semelhantes que percebam os ritmos de vida das cidades, suas tendências e alterações" (n. 190). Quando o padre conhece a realidade em que atua, ele ajuda a formar comunidades com perfis que se adaptam àquela realidade.

Desenvolver projetos missionários para as CEMs: é também papel do padre, juntamente com as lideranças missionárias, desenvolver os projetos missionários nas áreas e nos ambientes mais distanciados da vida da Igreja (n. 191). Como o pároco conhece a sua paróquia, como o pastor conhece as suas ovelhas, ele deve mapear essas áreas, sejam elas geográficas ou ambientais, ou ambas, e desenvolver nelas os projetos missionários que possibilitem trazer-lhes contribuições relevantes para a evangelização. Também deve perceber as pessoas com perfis de liderança pastoral e convidá-las para a missão.

Estabelecer um cronograma de visitas: para conseguir acompanhar essas comunidades, que poderão ser muitas, o pároco deve organizar um cronograma de visitas. Essas visitas possibilitarão que ele veja de perto se as comunidades estão tendo o perfil que lhe é pedido. As diretrizes assim recomendam: "estabelecer um cronograma de visitas, de modo que se possa acompanhar o amadurecimento das pessoas e estimular a formação de novas comunidades, sempre alicerçadas na Palavra, no Pão e na caridade" (n. 191). Esses pilares sustentarão as CEMs, e é preciso que o pároco esteja atento a eles, pois, se um deles não estiver bem, poderá comprometer os demais, ou todo o projeto. E diz mais: "Evitar realizar visitas únicas ou pontuais, destinadas apenas a apresentar a realidade eclesial já existente" (n. 191). Ou seja, não é para reproduzir modelos já existentes. Esse é um dos riscos se o padre não entender o "espírito" das CEMs. Não é para burocratizar essas comunidades, é para humanizá-las.

Favorecer a unidade: é também papel e missão do pároco, e demais padres que atuam na paróquia, favorecer a unidade dessas Comunidades, de modo que elas sejam caminhos para a troca de experiência desse modo de ser Igreja "em saída". Unidade na diversidade. Sobre isso as Diretrizes pedem: "Favorecer a missão e a comunhão pastoral entre as Igrejas que atuam nas grandes metrópoles brasileiras. Estabelecer caminhos para a troca de experiência (...)" (n. 192). Se essa é a missão das dioceses, é missão das paróquias, isto é, dos párocos, fazer com que isso aconteça no território de sua paróquia, pois, se todas as paróquias conseguirem essa meta, a diocese conseguirá também, e toda a Igreja no Brasil, tornar-se uma Igreja "em saída", missionária, em estado permanente.

Dinamizar a paróquia para a missão: o pároco, como pastor da paróquia, deve dinamizá-la para que ela seja missionária. Para isso é preciso que ele e demais padres e consagrados/as ajudem a fortalecer a consciência de tal modo que a missão das comunidades eclesiais missionárias seja fecunda. Que delas possam surgir missionários não apenas para a paróquia e diocese, mas para a missão ad gentes. Essa dinamização se dá pelo incentivo do padre às comunidades; pelo acompanhamento delas, mesmo que seja um acompanhamento a distância; pelo fomento de formação de discípulos missionários; pela sintonia com o trabalho que a diocese vem fazendo nessa linha; entre outros procedimentos.

Ajudar a envolver os jovens nas CEMs: os jovens são forças pulsantes em nossas paróquias e não podem ficar de fora do projeto das Comunidades Eclesiais Missionárias. Eles podem estar na liderança dessas comunidades, ou formando comunidades missionárias entre eles, e com outros jovens distanciados da igreja. A criatividade e a dinamicidade dos jovens ajudarão essas comunidades a se tornarem lugares alegres e prazerosos de evangelizar. Para isso, o padre responsável pela paróquia e os demais leigos e consagrados, agentes de pastoral que atuam nela, deverão incentivar os jovens e possibilitar que eles assumam a liderança dessas comunidades.

Investir nos meios de comunicação: a comunicação é fundamental para a unidade dessas comunidades. Para isso é preciso envolver a Pascom (Pastoral da Comunicação) nesse empreendimento missionário e possibilitar que todas essas comunidades estejam também conectadas em redes de comunidades virtualmente. A interação virtual também possibilita laços comunitários e tornam as coisas mais ágeis e fáceis de se realizarem. O tempo de Pandemia do Coronavírus, com o isolamento social, mostrou que as comunidades virtuais são também muito importantes para não se perderem laços de comunidades eclesiais. Assim sendo, o pároco, ou quem faz a sua vez, deve incentivar a Pascom nesse projeto missionário.

Dialogar com as instituições que estão no território da paróquia: o pároco e sua equipe devem manter um estreito laço de diálogo com as Instituições que estão no território de sua paróquia, envolvendo-as nessa missão eclesial. Entre essas instituições, os hospitais, as escolas, as universidades, os presídios ou as casas de detenção, os asilos ou as casas de recuperação, entre outras. Afirmam as Diretrizes: "Em espaços assim, a presença fraterna e orante é o ponto de partida para o anúncio e a formação de comunidades" (n. 196).

Acompanhamento espiritual: o padre deve acompanhar espiritualmente essas comunidades e as pessoas que estão acompanhando essas comunidades. Sem um acompanhamento espiritual, corre-se o risco de essas comunidades tornarem "Ongs" e não Comunidades Eclesiais Missionárias.

Valorização das pessoas: o padre deve ser o primeiro a valorizar as pessoas, os indivíduos e as comunidades que se encontram e formam essa Igreja missionária, em redes. Tudo isso porque o que importa nesse modelo de Igreja não são as estruturas, mas sim, as pessoas. Elas são a razão dessas comunidades e o objetivo da ação missionária. As Diretrizes confirmam:

"Priorizar a pessoa como objetivo da ação missionária" (n. 197). Para que isso ocorra, é preciso, de acordo com as Diretrizes: "a cultura do encontro deve ser o pano de fundo para a missão permanente". Por essa razão, o encontro das pessoas nessas comunidades é elementar. Assim, a razão dessas comunidades, e o seu diferencial, é sair de um modelo de igreja das massas para uma igreja mais personalizada, contemplando cada pessoa na sua individualidade. Essa era a pedagogia de Jesus que se pôs a caminho para estar com as pessoas, sobretudo com as mais distantes, afastadas e desanimadas, como mostra a passagem dos discípulos de Emaús (Lc 24, 13-35) e outras passagens bíblicas, "escutando suas angústias e oferecendo-lhes a luz da Palavra e da Eucaristia" (n. 197). Esses são procedimentos e caminhos para a autêntica missão das CEMs, afirmam as Diretrizes Gerais da Ação Evangelizadora da Igreja no Brasil.

Implantação do COMIPA: o Conselho Missionário Paroquial é um importante organismo de gestão da missão e, por essa razão, ele não pode faltar na paróquia. O pároco deve implantar e aperfeiçoar esse Conselho como ferramenta para o acompanhamento das CEMs. De acordo com as Diretrizes da Igreja, esse Conselho deve ser animador e articulador da acolhida e presença do espírito missionário nas comunidades por meio da programação, execução e revisão das ações missionárias (n. 198).

Esses são alguns dos papéis do padre, pároco ou de quem faz a sua vez, nas Comunidades Eclesiais Missionárias. Ele deve se guiar pelas orientações das Diretrizes Gerais da Ação Evangelizadora da Igreja no Brasil e pelas orientações de sua diocese, agindo sempre em conjunto com os Conselhos paroquiais, sobretudo com o CPP, o COMIPA e com os líderes dessas comunidades.

IX
QUAIS OS PILARES DE SUSTENTAÇÃO DAS COMUNIDADES ECLESIAIS MISSIONÁRIAS?

As comunidades eclesiais missionárias terão seus pilares de sustentação e é preciso estar atento a eles para que elas não desmoronem, ou seja, para que elas sigam firmes, cumprindo seu papel missionário. Assim, neste capítulo, trato dos pilares que sustam as CEMs.

Pilares são colunas. Toda obra, para estar bem estruturada e permanecer firme, mesmo diante de tempestades, precisa estar bem estruturada. O que estrutura uma obra, no caso de uma construção ou edificação de um prédio, são suas colunas ou seus pilares. Se uma coluna estiver comprometida, toda obra estará comprometida, por isso qualquer engenheiro ou arquiteto precisa estar atento às colunas que sustentam a construção que está sob sua responsabilidade.

Usando essa imagem, ou figura de linguagem, a Igreja no Brasil apresenta quatro colunas de sustentação das CEMs. São elas: Palavra; Pão; Caridade; Missão. Elas são os pilares de sustentação das Comunidades Eclesiais Missionárias, a que os seus gerenciadores, ou líderes, deverão estar atentos. Qualquer um desses pilares que não estiver bem afetará, direta ou indiretamente, a comunidade. Porém, para saber o que são esses pilares e como eles funcionam, é preciso retomar as Diretrizes

Gerais da Ação Evangelizadora da Igreja no Brasil (2019-2023), a partir do número 88, e estudar minuciosamente esse documento. Quem deve fazer esse estudo são os articuladores das CEMs. Mas, para facilitar esse conhecimento, trago aqui um resumo, ou os comentários, sobre esses pilares que sustentam as CEMs. Antes, porém, vejamos a imagem que resume esse projeto missionário de nossas paróquias.

Temos a imagem de uma casa. As CEMs devem ter como espaço privilegiado as casas, ou seja, o espaço da família. É ali que se formará uma comunidade eclesial, base dessa Igreja "em saída". Essa casa está alicerçada no pilar da Palavra, do Pão, da Caridade e da Ação Missionária.

É em torno da Palavra que essa Comunidade se reunirá e se fortalecerá. Sem esse alimento substancioso, a comunidade que ali se formará não será comunidade eclesial, isto é, igreja doméstica. O que caracteriza uma igreja é a Palavra de Deus. Alimentados pela Palavra, os participantes dessa Comunidade encontrarão a força motriz para os passos seguintes.

O Pão é o segundo pilar de sustentação. Pão Eucarístico e pão partilhado. O Pão da Eucaristia é o alimento salutar dos que participam dessas comunidades. Alimentados pela Palavra e pela Eucaristia, encontraremos força para missão. Talvez você se pergunte: mas haverá celebração Eucarística nessas Comunidades? Como já foi dito, nem sempre haverá celebração Eucarística, mas a Eucaristia os participantes receberão nas Missas dominicais. Aqui, além do pão Eucarístico recebido na missa, haverá o "pão da vida", partilhado e doado para que outros tenham vida. Sem se fazer eucaristia, isto é, sem ser alimento para a vida dos outros, essas comunidades se esvaziarão de sentido e não estarão alicerçadas no pilar do Pão.

O pão da vida se faz na caridade, que é o outro pilar que sustenta essas comunidades. As CEMs deverão ser lugares de solidariedade e caridade que se estenderão para outros espaços e lugares. As CEMs deverão ser escolas de caridade. Sem caridade não há verdadeira comunidade.

Por fim, a ação missionária, que é um dos principais objetivos dessas Comunidades, deverá ser aprendida por seus membros. Cumprindo esses requisitos, as CEMs cumprirão sua missão. Vamos, a seguir, ver o que as Diretrizes Gerais da Ação Evangelizadora da Igreja no Brasil (2019-2023) trazem sobre esses pilares.

Recordo que eles contemplam as urgências das Diretrizes anteriores. Para compreendê-los melhor, é preciso que se tenha um entendimento das urgências que a Igreja no Brasil escolheu desde os anos de 2011 a 2019, a saber: 1) Uma Igreja que estivesse em estado de missão permanente; 2) Uma Igreja que fosse casa de iniciação à vida cristã; 3) Uma igreja que fosse lugar de animação bíblica da vida e da pastoral; 4) Uma igreja que fosse Comunidade de comunidades; 5) Uma igreja a serviço da vida plena para todos. Com essas cinco urgências, a Igreja no Brasil, isto é, nossas paróquias, buscou atender nesses oito anos, por meio das Diretrizes que foram apontadas, as principais lacunas pastorais e missionárias. Agora essas urgências se transformaram em pilares, e esses pilares contêm cada uma dessas urgências, como podemos observar. Não são repetições das urgências, são reformulações de ações, ou seja, aquilo que foi urgência, agora sanada, é hora de pôr em prática nas CEMs. Assim ficaram os pilares com essas urgências:

Pilar da Palavra: contempla duas das urgências: a igreja, lugar de iniciação à vida cristã, e a Igreja, lugar de animação bíblica da vida e da pastoral. As CEMs têm a missão de ser esse lugar formativo, em que se inicia verdadeiramente na vida cristã. É em casa que se aprendem as primeiras lições do cristianismo, porque este nasceu e se fortaleceu nas casas. As diretrizes enfatizam que "os Atos dos Apóstolos relatam que a comunidade cristã se concentrava nas casas como seu lugar característico de reunião, ajuda mútua e fortalecimento da vivência missionária" (n. 88). Com base nessa experiência arquetípica das primeiras comunidades cristãs, as CEMs se alicerçam na Palavra de Deus, partilhada por meio da leitura orante e vivida, tornando-se, assim, comunidades cristãs missionárias, de fato.

Por serem comunidades pequenas, as CEMs são ambientes propícios para a acolhida dos que buscam Deus. Essa é uma das razões por que a Igreja acredita nas CEMs. Nelas são formados verdadeiros discípulos missionários, pois os primeiros discípulos de Jesus Cristo se formaram nas CEMs daquele tempo, ou seja, nas primeiras comunidades cristãs que se formaram nas casas, com a liderança dos apóstolos. As diretrizes lembram que, "para formar discípulos missionários, é urgente aproximar mais as pessoas e as comunidades da leitura orante da Palavra de Deus" (n. 91). São nessas comunidades que os discípulos se aproximarão mais da Palavra, e esta os transformará para a missão. Por isso as CEMs serão lugares de animação bíblica da vida e da pastoral. Não será apenas uma escuta da Palavra para si, para resolver apenas os seus problemas pessoais, mas também para toda a comunidade, para encontrar luzes para iluminar os diversos tipos de escuridão deste mundo.

Pilar do Pão: as CEMs, como dito, são lugares de aprender a partilhar. Aprende-se a partilhar a Palavra, e a Palavra ensina a partilhar o pão. Partilhando o pão, partilham-se a vida e a missão. São procedimentos inseparáveis, interligados e que nos interligam em comunidade. O sentido autêntico da Eucaristia é a partilha. Foi o que Jesus fez e ensinou na última ceia, quando tomou o pão e o vinho, deu graças e partilhou com os seus discípulos dizendo que, todas as vezes que eles repetissem aquele gesto, estariam fazendo em sua memória, e assim ele se faria presente. Assim nasceu a Eucaristia, ou a Celebração Eucarística, que temos hoje. Porém não podemos perder a essência desse gesto, e é esse o sentido destacado no pilar do pão. Pão partilhado, pão multiplicado, fome e miséria eliminadas. Assim, a comunidade eclesial, como casa, será lugar de nutrir os filhos de Deus desnutridos desse pão essencial para a vida. "Quem comer desse pão nunca mais terá fome", ou seja, se aprendermos a partilhar, não haverá fome no mundo. A partilha do pão é elemento essencial para a caridade, que é o outro pilar de sustentação dessas comunidades.

No pilar do Pão, estão contempladas a liturgia e a espiritualidade dessas comunidades. São comunidades que se encontram para celebrar, e essa celebração é litúrgica, ou seja, mantém o caráter de fonte e ápice da vida cristã, mesmo não sendo uma missa propriamente dita, mas, mesmo assim, não deixa de ser celebração eucarística no sentido figurado da eucaristia, como visto. É lugar de oração, por isso é lugar onde reina a espiritualidade. Se não houver espiritualidade, essas comunidades também não serão comunidades eclesiais. É, portanto, lugar em que se busca a santidade. Com esse pilar as CEMs se revelam verdadeiras comunidades de comunidades.

Pilar da Caridade: esse é o terceiro pilar de sustentação das CEMs. Com ele, as CEMs se tornam verdadeiras igrejas a serviço da vida plena para todos. Nelas serão refletidos temas que dizem respeito à vida, como, por exemplo, as questões sociais, a defesa da vida e os desafios ecológicos da atual cultura urbana globalizada (n. 104), entre outros temas que são polêmicos, mas que precisam ser refletidos. Essa é também a missão da Igreja, e as CEMs estarão cumprindo-a se der espaço para tratar desses temas, que são caros no pontificado do Papa Francisco. Ter caridade, ou fazer caridade, não é apenas dar um prato de comida a quem pede à nossa porta, mas também contribuir para que não haja mais pessoas pedindo à nossa porta; para que não haja mais fome; não haja desemprego, miséria; e isso se faz com pessoas que se comprometem com as causas sociais, sobretudo com o combate às injustiças, corrupções e aos desmandos políticos que geram tantos miseráveis, ou tantos "Lázaros" como os da parábola de Jesus (Lc 16,19-31). Uma Igreja que está a serviço da vida plena para todos não pode se calar diante de uma sociedade com "vida plena" para alguns privilegiados e tantos sem ter o básico para sobreviver.

Pilar da Ação Missionária: este último pilar é que dará o rosto dessas comunidades. Elas serão missionárias se forem casa da Palavra, casa do Pão, casa da Caridade e, consequentemente, casa de missão. Nessas comunidades, as pessoas conhecerão Jesus, "o melhor presente que qualquer pessoa pode receber; tê-lo encontrado foi o melhor que ocorreu em nossas vidas, e fazê-lo conhecido com nossa palavra e obras é nossa alegria" (DAp, n. 29; DGAE, n. 115). Essa é a alegria do evangelho, a alegria da missão, a alegria de ser discípulo missionário. As CEMs possibilitam isso, e isso é maravilhoso. Porém, para que ocorram essas ações, as CEMS precisam inserir-se ativa e coerentemente nos novos areópagos sociais, afirma o Documento 105 da CNBB (n. 250-273), citado no n. 118 das Diretrizes 2019/2023.

Com esses pilares, as CEMs estarão fortificadas como casas construídas sobre a rocha, e não será qualquer tempestade que as abalará. Os participantes dessas comunidades se sentirão igualmente fortalecidos e farão uma Igreja mais fortalecida porque estarão abastecidos pela Palavra e pelo Pão e agirão com caridade na missão. Eis os propósitos das CEMs com seus pilares de sustentação.

X
INSTRUÇÕES PARA ORGANIZAR OS ENCONTROS DE FORMAÇÃO DE LÍDERES DAS CEMs[3]

Os encontros podem ser organizados para grupos pequenos ou grandes. Seria importante que deles participassem os membros do Conselho Paroquial de Pastoral (CPP).

Esses encontros formativos podem também ser organizados por categorias de pessoas: jovens, adultos, homens, mulheres, e até crianças, como, por exemplo, crianças da catequese e da infância missionária, ou grupos de coroinhas etc. Em todo caso, no final, será oportuno organizar um encontro comum de avaliação entre os diferentes grupos. Para esses encontros há necessidade de líderes, ou monitores, preparados e capacitados em número equivalente aos grupos de estudo. Depois esses que participaram poderão dar formação com esse mesmo método a outras pessoas, inclusive levar essa dinâmica para as CEMs.

Propomos aqui cinco encontros formativos; os cinco encontros de reflexão sobre as Comunidades Eclesiais Missionárias. Depois os encontros bíblicos das CEMs que forem pre-

---

[3] Esses encontros de formação estão fundamentados nas propostas do Pe. Estevão Raschietti e se encontram, na íntegra, no meu livro "*Paróquia Missionária à luz do Documento de Aparecida. Procedimentos fundamentais*", Edições CNBB, 2012, p. 153-176. Aqui eles foram adaptados para as CEMs.

parados deverão ser experimentados, antes de aplicados, e adaptados se preciso for.

Os responsáveis pelas CEMs são convidados a serem "criativos" nas celebrações, e esses encontros formativos ajudam a despertar a criatividade. A partir do mesmo método, cada um pode inventar outros esquemas, compilar outras formas e dinâmicas de reflexão e, dessa maneira, enriquecer o programa de animação das Comunidades Eclesiais Missionárias da paróquia. É aconselhável que, junto aos encontros dinâmicos de Animação Missionária sobre as CEMs, aconteçam também encontros de partilha, de "Escuta da Palavra". A escolha dos temas e dos trechos bíblicos fica a critério dos coordenadores.

O primeiro encontro é experimental ou de iniciação. Seu intuito é apresentar aos participantes os objetivos, o método e o programa dos encontros sucessivos das CEMs, de maneira que cada um perceba o valor de sua participação ativa.

1. Orientações para o encontro preliminar

Oração espontânea no início. Não se deixem nunca de lado a oração e a invocação do Espírito. O discernimento comunitário não é fruto de um simples raciocínio ou de um debate. Mesmo sendo um encontro formativo e de capacitação, ele precisa ser orante, com espiritualidade.

Apresentação dos participantes. Mesmo se as pessoas presentes já se conhecerem, é bom que cada uma se apresente brevemente, falando do trabalho, da família, do papel que desenvolve na comunidade ou no bairro, como sente e vive a fé e, sobretudo, o que espera dessa série de encontros. Esse treinamento é importante porque depois, nas CEMs, essa prática acolhedora será aplicada.

O método dos encontros de capacitação

▶ Quem coordena deve evitar pregações, conferências, aulas. Ao contrário, deve procurar animar a busca e a reflexão dos participantes, seguindo o esquema proposto.

▶ Quem coordena deve estudar bem os esquemas, procurar compreender o método e as fases do encontro.

▶ Nesses encontros serão utilizados desenhos ou imagens da Igreja. O desenho ocupa uma parte importante como estímulo à reflexão, interpretação e ao debate.

▶ Também o cochicho tem sua importância, porque deve ajudar a comunicação entre as pessoas com experiências e pareceres diferentes, sempre sobre aspectos bem definidos (sem desvios). Não é preciso chegar necessariamente a um consenso: vários pontos de vista podem resultar complementares.

▶ Durante o encontro, quem coordena deve prestar muita atenção ao que cada participante expressa, a como reage; deve animar todos para que participem ativamente, cortando, se necessário, as pessoas que dominam a conversa.

▶ O encontro deve acontecer num clima de escuta e abertura espiritual.

▶ Os participantes, ao expressarem o próprio sentimento ou pensamento, usem sempre uma linguagem pessoal e não *genérica* ("se diz, se faz..."), nem *moralística* ("é preciso, devemos..."), nem *hipotética* ("se se quisesse, se pensarmos que..."). É preciso usar uma linguagem individual e não plural ("todos, nós, o pessoal acha que..."); uma linguagem descritiva/experiencial e que não gere conflito ("não é verdade, não estou de acordo...").

2. Programa dos encontros

Quem coordena o encontro expõe os cinco cartazes que orientarão a reflexão sobre a paróquia e as CEMs, que fazem intuir os conteúdos da reflexão. Deixa-se um pouco de tempo para que se observem os cartazes, um por um e em conjunto. Sem dar explicações e fazer antecipações, o monitor salienta como cada cartaz tem alguns elementos em comum (convidar os participantes a identificar alguns).

Logo depois, quem coordena enuncia os títulos e os lemas dos cinco encontros, sem dar explicações ou fazer antecipações. Comunica os tempos, os lugares e as modalidades dos encontros.

3. CEMs: etapas, método, programa e objetivos

Encontro preliminar	
1ª etapa	Uma Igreja dependente
2ª etapa	Uma Igreja pastoral
3ª etapa	Uma Igreja desperta
4ª etapa	Uma Igreja ativa
5ª etapa	Uma Igreja, com as CEMs
Encontro de avaliação	Reflexões conclusivas e programáticas

a) Objetivo do encontro

Uma paróquia pode se encontrar em várias situações ou etapas. Aqui são apresentadas cinco possibilidades. Todos os participantes juntos, por meio de vários encontros, num clima de reflexão, de discernimento e de partilha, procurarão descobrir:

1. *Em que situação se encontra a nossa paróquia?*
2. *Para qual etapa devemos caminhar para realizar o projeto das Comunidades Eclesiais Missionárias?*

É preciso ter presente que as cinco etapas propostas são uma exemplificação da realidade das paróquias, que é muito mais complexa, com elementos e expressões diferentes, complementares e, às vezes, contrapostas. Na prática, as cinco etapas estão mais ou menos sempre presentes em cada realidade e situação.

A simplificação em cartazes, lemas e etapas é um exercício útil para analisar os vários elementos, para avaliá-los à luz das expectativas evangélicas e eclesiais, para compreender o tipo de conversão que devemos realizar, para caminharmos juntos rumo a uma rede de comunidades Eclesiais Missionárias que corresponda sempre mais ao projeto que se deseja realizar.

b) Esquema de cada encontro

Aqui é apresentado somente o esquema dos encontros de reflexão. É bom falar um pouco sobre isso, de maneira que os participantes percebam a dinâmica dos encontros e do papel que são chamados a assumir.

ORAÇÃO. Todo encontro começa e termina com uma oração espontânea feita por quem coordena ou por uma pessoa do grupo.

O DESENHO. Pendurar o cartaz correspondente ao encontro, de modo que todos possam vê-lo. Seria bom que as cadeiras fossem colocadas em círculo.

DESCRIÇÃO. Depois de alguns instantes, quem coordena pede aos participantes que falem a respeito do que veem no desenho: é preciso dar aos presentes o tempo suficiente para que se expressem e valorizar cada reflexão que emergir, para, depois, relançá-la de novo para o grupo.

COCHICHO. Terminada a discussão comunitária, propõe-se aos participantes um cochicho em pequenos grupos para refletir sobre as perguntas específicas que serão feitas.

PLENÁRIO. Cada grupinho comunica a todos o assunto do cochicho. É necessário prestar atenção que cada grupinho expresse pelo menos um aspecto do cochicho.

LEMA. Depois de ter refletido e discutido sobre a relação dos grupinhos, quem coordena mostra o lema escrito num cartaz, que é o título do encontro (naturalmente, a ser guardado até este momento).

REAÇÃO. Ouvir brevemente a reação dos participantes, fazendo a seguinte pergunta: "o desenho corresponde a esse lema?"

AMARRAÇÃO. Quem coordena amarra as várias observações dos participantes.

ORAÇÃO. No final de cada encontro, a oração espontânea é animada pelo monitor.

Obs: É importante confeccionar cinco cartazes grandes, com os temas dos cinco encontros. Eles serão usados em todos os encontros formativos.

A seguir, os encontros de formação para os líderes das CEMs e para aqueles que desejarem dele participar.

XI
ROTEIRO DE ENCONTROS DE FORMAÇÃO PARA LÍDRES DAS CEMs

PRIMEIRO ENCONTRO

TEMA: Uma Igreja dependente

ORAÇÃO espontânea no início.
Pendurar o primeiro cartaz

Pedir aos participantes que digam o que fazem as pessoas representadas nesse desenho.

Dar bastante tempo para que eles descrevam as diversas pessoas e os detalhes do desenho. Se alguém interpretar e explicar de maneira totalmente errada, não tentar corrigir. Ao contrário, solicitar do grupo várias explicações, até que sobressaia a verdadeira situação na qual se encontra a comunidade ilustrada no desenho.

Se perceber que os participantes não conseguem captar e expressar o conteúdo do desenho, pode ajudá-los com algumas perguntas:

- Quem está no centro do desenho?
- Onde está?
- O que significa o lugar elevado?
- Quem são todos os outros (indicando as pessoas espalhadas)?
- O que você percebe nas pessoas?
- E quem são esses (indicando as pessoas em torno do estandarte)?

Cochicho:
Convidar os participantes para que falem em pequenos grupos, de 3 a 5 minutos, sobre as três perguntas seguintes. (Se houver tempo, deixá-los discutir e convidá-los a preparar uma pequena relação escrita; neste segundo caso, são necessários pelo menos 20 minutos.)

Perguntas para a discussão
1. Como o padre vê e trata as pessoas? Com que tipo de pessoas ele se relaciona?
2. Que tipo de relação as pessoas têm com o padre? Que tipo de pessoas têm contato com o padre?
3. Se perguntássemos para as pessoas deste bairro: "Quem é a Igreja?" – o que elas responderiam?

Plenária:
Preste atenção para que cada grupo possa expressar pelo menos um aspecto da discussão. Se a discussão for prolongada, dar tempo para que cada grupo expresse o conteúdo discutido.

Depois que todos acabarem de falar, permitir que sejam feitos esclarecimentos ou perguntas. Você responderá somente às perguntas relacionadas ao desenho e ao tipo de Igreja proposto na reflexão; não antecipar nada dos desenhos ou dos tipos de Igreja dos encontros seguintes.

Depois de ter refletido e discutido suficientemente a respeito do tema proposto, mostrar o cartaz com o lema: Uma Igreja dependente.

Ouça brevemente as reações dos participantes, fazendo a pergunta: o desenho corresponde a essa afirmação?

Amarração:
É possível que saiam vários aspectos interessantes a serem considerados, mas as coisas principais são mais ou menos estas:

1. O padre ocupa o lugar principal porque é ele que faz quase tudo sozinho. É ele que vai atrás de tudo do que as pessoas precisam. Faz tudo com grande cuidado, espírito de serviço e generosidade. Parece até "paternalista" demais: prevê tudo e provê a tudo. O povo está feliz. Se ele faltar ou se ele não encabeçar as coisas, na paróquia se fará pouco ou nada.

2. O que foi dito a respeito do padre pode ser aplicado ao bispo, ao diácono, às religiosas, às catequistas, aos líderes das CEMs etc.: eles/elas fazem tudo; o povo está feliz. Se não fizerem, na comunidade acontecerá pouco ou nada.

3. Os membros de grupos, movimentos e pastorais desejam tornar-se úteis e fazer algo a mais na comunidade, na paróquia e no bairro; para isso ajudam o padre de várias maneiras. Contudo, estão convencidos de que a paróquia é do padre e a diocese é do bispo.

4. Todo o peso da responsabilidade da comunidade eclesial cai nas costas dessa única pessoa ou de poucas outras pessoas, que acabam se sentindo sozinhas, abatidas, até o ponto de deixar tudo.

5. Perguntamo-nos: o que acontece àqueles que não frequentam a Igreja, aos que não têm o padre como referência?

ORAÇÃO espontânea no final.

SEGUNDO ENCONTRO

TEMA: Uma Igreja de Conselho Pastoral

ORAÇÃO espontânea no início.
Pendurar o segundo cartaz

Pedir aos participantes que digam o que fazem as pessoas nesse desenho?

Dar bastante tempo para que eles descrevam as diversas pessoas e os detalhes do desenho. Se alguém interpretar e explicar de maneira totalmente errada, não tentar corrigir. Ao contrário, solicite do grupo várias explicações, até que sobressaia a verdadeira situação na qual se encontra a comunidade ilustrada no desenho.

Se perceber que os participantes não conseguem captar e expressar o conteúdo do desenho, ajudá-los com algumas perguntas:

➤ *Quem são estas pessoas?* (Indique o grupo sentado: são os membros do Conselho Pastoral da Paróquia, ou do Conselho Pastoral da Diocese, ou do Conselho Missionário, ou das CEMs...)

➤ Qual é a diferença entre esse desenho e o desenho anterior? (Aqui o Conselho Pastoral, o Conselho Missionário, os animadores missionários das CEMs participam da gestão da paróquia ou da diocese; o padre e alguns representantes de pastorais trabalham juntos.)

LEMA: mostrar o cartaz com o lema para os participantes:

Uma Igreja de Conselho Pastoral

PERGUNTAR aos participantes:

➤ O que significa a palavra "pastor"?

➤ Por que se fala de "pastoral" na Igreja? O que tem a ver com o "pastor"?

➤ O que significa "missionário"?

➤ Por que se fala de atividade "missionária" na Igreja? Qual a relação com a Missão, com a vocação missionária da Igreja?

➤ Que importância têm, nessa estrutura, as Comunidades Eclesiais Missionárias?

Cochicho

Convidar os participantes a falarem em pequenos grupos, de 3 a 5 minutos, sobre as três perguntas seguintes. (Se houver tempo, deixá-los discutir e convidá-los a preparar uma pequena relação escrita; neste segundo caso, são necessários pelo menos 20 minutos.)

Perguntas para a discussão
1. Por que o Conselho Paroquial é chamado de "Conselho Pastoral"?
2. Que diferença existe entre o conselho empresarial e o Conselho Paroquial?
3. Quem faz parte do Conselho Paroquial, ou das pastorais, ou do Conselho Missionário?
4. Qual é o trabalho do Conselho Paroquial, ou das pastorais, ou do Conselho Missionário?
5. Qual a missão das CEMs dentro dessa estrutura paroquial?

Plenário

Permitir que cada grupo possa expressar alguns aspectos discutidos "cochichando". Se você quiser poderá escrever num quadro ou num cartaz as palavras que resumem as opiniões expressas pelos grupinhos.

Pedir aos participantes:

➤ O modelo apresentado por esse desenho é bastante diferente do primeiro modelo: mesmo assim alguns aspectos não mudaram. Quais são esses aspectos?

Ajudar os participantes a perceberem e a compreenderem que, mesmo se o padre, o CPP e o Conselho Missionário trabalharem juntos, ainda assim a comunidade eclesial não mudará muito: as pessoas ainda individualmente ou em grupo irão em direção à Igreja. Também aqui cada coisa é feita *para as pessoas*. A única diferença parece ser a seguinte: antes era somente uma pessoa (bispo, padre, freira, agente de pastoral) que fazia tudo; agora é um grupo.

Amarração
Tendo presentes as observações dos participantes, tente resumir os aspectos principais e, se for necessário, acrescente e complete. É possível que saiam vários aspectos interessantes a serem considerados, mas as coisas principais são mais ou menos as seguintes:

1. O padre e alguns fiéis, juntos, refletem e discutem sobre a paróquia.
2. A responsabilidade e a capacidade de tomar decisões definitivas, nos vários setores da vida eclesial, por parte do CPP ou do Conselho Missionário, variam em cada paróquia.
3. Geralmente, no começo, os membros do Conselho Pastoral ou Missionário se consideram "colaboradores" do padre. Em seguida, por meio de encontros e seminários de conscientização, os membros percebem e chegam a assumir um papel mais decisivo e responsável na comunidade.
4. No Código de Direito Canônico, o CPP é chamado de Conselho "Pastoral". Isso significa que os membros do Conselho são corresponsáveis com o padre no serviço pastoral da comunidade paroquial.

5. Na história da Igreja, é a primeira vez que o Código de Direito Canônico fala de Conselho Pastoral Paroquial. É um avanço muito importante. Mas não basta que uma paróquia constitua "legalmente" o Conselho Pastoral: ela precisa dar a devida importância às atividades tipicamente "pastorais" e "missionárias"; por isso a importância de as paróquias assumirem e implantarem as CEMs.

6. Comparando o primeiro e o segundo desenho, percebemos que, fundamentalmente, o rosto e o modelo da comunidade eclesial não são muito diferentes: talvez 20 – 30 pessoas agora trabalhem mais ou menos juntas com o padre, mas a maioria dos fiéis ainda fica de fora.

ORAÇÃO espontânea no final.

TERCEIRO ENCONTRO

TEMA: Uma Igreja que desperta

ORAÇÃO espontânea no início.
Pendurar o terceiro cartaz

PEDIR aos participantes que reflitam:

► Entre o primeiro e o terceiro desenho, quais aspectos permaneceram inalterados?

➤ Entre o primeiro e o terceiro desenho, que diferenças percebemos?

EXPLICAR aos participantes:
"O que é a Igreja?" – Esta simples pergunta esconde muitas outras sobre as quais o povo se questiona. Os diversos questionamentos podem se resumidos no seguinte: "Que sentido tem hoje a nossa vida de fé e de Igreja?" Da mesma maneira podemos nos perguntar: "Que sentido tem hoje a missão?"

PEDIR novamente aos participantes que pensem:
➤ No desenho de hoje há algumas perguntas. São perguntas importantes? Você nunca se fez tais perguntas?
➤ Quais outras perguntas o povo faz a respeito da Igreja ou da paróquia?

Cochicho
Convidar os participantes a falarem entre si, em pequenos grupos, entre 3 – 5 minutos, sobre as seguintes perguntas:
1. Quando o povo faz perguntas a respeito da Igreja, o que está pensando? Por que faz tais perguntas? O que existe atrás de todas essas perguntas ou críticas?
2. O que pensam e como reagem os responsáveis da paróquia ou da diocese diante das críticas do povo?

Plenário
Depois de cada grupo ter relatado o conteúdo do cochicho, pegar algumas perguntas ou críticas específicas e colocá-las para discussão. Preste atenção a fim de que a discussão

não seja monopolizada por alguém que fale demais. Dê a todos a possibilidade de expressar a própria opinião.

COCHICHO (novamente)
Convide os participantes a responderem às seguintes perguntas, de 3 – 5 minutos, considerando coisas boas (aspectos positivos) e coisas ruins (aspectos negativos).

(Se houver tempo, deixá-los discutir e convidá-los a escrever num cartaz a própria opinião; neste segundo caso, serão necessários pelo menos 20 minutos, além de canetas e papéis.)

1. O povo, às vezes, é muito crítico a respeito da Igreja e dos padres. Faça uma lista das reações dos "responsáveis" da Igreja diante dessas críticas.

2. Numa lista à parte, escreva como reagem os "fiéis" diante das mesmas críticas.

Alguns exemplos: duas maneiras de se comportar:
► Uma freira da paróquia sente-se incomodada e tem medo de se questionar.

► Alguém se sente insatisfeito com a forma como vive a própria vida cristã, toma iniciativa e reúne um pequeno grupo para refletir e melhorar (comportamento positivo).

Plenário
Permitir que cada grupo tenha a possibilidade de dizer alguma coisa e de dar algum exemplo concreto.

O objetivo deste exercício é perceber que, quando uma comunidade cresce e chega a essa etapa de reflexão e de busca, é normal que experimente certo sofrimento, devido ao esforço de mudança. Geralmente, o povo procura pensar em si e acha que os outros não têm os mesmos problemas, sentimentos ou as mesmas dificuldades. Todavia, para se colocarem juntos a refletir, é preciso superar a mentalidade individualista.

Pode surgir uma tentação: desanimar diante da novidade e voltar à situação e à postura anteriores, que parecem mais cômodas. Assim, por exemplo, um padre pode voltar a usar métodos autoritários para enfrentar problemas e situações; um catequista pode voltar ao método antigo das perguntas e respostas a serem decoradas; o grupo da liturgia pode voltar a preparar as celebrações de sempre e por aí vai.

LEMA: mostrar o cartaz com o lema para os participantes:
Uma Igreja que desperta

Explicar brevemente:

Para crescer e amadurecer, verdadeiramente, não há outro caminho a não ser enfrentar os problemas e as situações difíceis da realidade. Quando surgem no povo questões a respeito da Igreja, então se apresenta uma ocasião propícia para adquirir uma nova consciência.

Nessa nova consciência de Igreja, os cristãos percebem que o rosto da Igreja futura será um pouco diferente do atual. Sua estrutura e também a sua maneira de ser serão diferentes. A Igreja irá adquirir, sem dúvida, muitos valores e lados positivos, como: uma maior participação, as descobertas de novos desafios e novos caminhos de anúncio e de serviço, a missionariedade, a criatividade etc. Será uma ocasião para tornar-se uma Igreja verdadeira, ativa e missionária. Uma coisa é certa:

não existirão mais os "supermercados religiosos" do primeiro desenho e um modelo eclesial paternalista. O que é melhor: a segurança cômoda e fácil de uma Igreja "dependente" ou o risco e o sacrifício de uma Igreja viva e criativa em estado de missão, formada em CEMs? A Igreja missionária é uma Igreja "mártir".

Amarração

Resuma os pontos principais do encontro:

1. Quando uma comunidade procura crescer e amadurecer, seus membros rompem o silêncio e a indiferença e se tornam autocríticos.

2. Aprendem a tomar parte ativa da vida da Igreja; querem tomar consciência mais profundamente de como a comunidade eclesial caminha e é administrada, não somente em âmbito local, mas também em relação com o mundo.

3. Nessa etapa, todos sentem um pouco de mal-estar, porque ainda não conseguem encontrar respostas claras e métodos direcionados para enfrentarem as várias situações e necessidades.

4. São, sobretudo, os responsáveis da paróquia e da diocese que experimentam alguns incômodos, porque os cristãos se tornam mais vivos, às vezes, mais críticos, querem saber e discutir tantas coisas, mesmo se nem sempre correspondem com um engajamento à altura de suas reflexões e seus questionamentos. Por outro lado, também aqueles que ainda desejam o velho sistema (os "devotos do padre" e da "igreja supermercado") criticam o novo método e quem procura avançar. Nessa situação, os responsáveis podem se sentir desanimados e desiludidos.

Numa palavra, essa etapa da vida eclesial é um tempo difícil e crítico para todos. Todavia, é um momento muito importante, uma passagem necessária para progredir rumo ao futuro, para tornar-se uma "Igreja em missão", uma Igreja "em saída", uma Igreja de comunidades eclesiais missionárias.

ORAÇÃO espontânea no final.

QUARTO ENCONTRO

TEMA: Uma Igreja dinâmica

ORAÇÃO espontânea no início.
Pendurar o quarto cartaz

PEDIR aos participantes que reflitam:
➤ Quais são as semelhanças entre esse desenho e o anterior? Quais são as diferenças?

Semelhanças:

Padre e CPP estão reunidos; existem ainda as associações e as confrarias; alguém ainda está sozinho e outros estão juntos.

Diferenças:
1. No desenho, há um grupo com uma seta indicando a Igreja. Apontando para esse grupo pergunte: *quem esse grupo representa?* É um grupo eclesial "interno", isto é, representa todos aqueles grupos que prestam algum serviço ou ministério "dentro" da comunidade eclesial para o bem dos próprios fiéis. Por exemplo, aqueles que leem a Bíblia, os ministros da Eucaristia, os animadores da liturgia, os/as catequistas, o conselho missionário etc.

2. Mais abaixo, há outro grupo com a seta que indica a direção oposta à Igreja. Apontando para grupo, pergunte: *quem esse grupo representa?* É um grupo eclesial "externo", representando todos aqueles que se comprometem além das estruturas paroquiais, que buscam ir ao encontro das necessidades dos outros. Por exemplo, os que trabalham nas pastorais sociais, nos grupos de direitos humanos, de justiça e paz etc.

3. À direita existe outro grupo, sem seta. Apontando para ele, pergunte: *quem esse grupo representa?* É um grupo eclesial "autônomo" que representa todos aqueles grupos de pessoas que lutam por uma "causa santa". Essa causa é dirigida para o próprio bem-estar espiritual: grupos de oração, de louvor, de autoajuda etc.

Cochicho

Peça aos pequenos grupos responderem às perguntas, tendo presente a situação concreta do próprio contexto (*repita essas perguntas para que todos possam entender*). Dirigir as perguntas a todos os grupos, ou convidar os participantes a se dividirem em três grupos, por pergunta ou por área, segundo o interesse dos participantes. Cada grupo terá de escrever uma lista dando os nomes aos personagens, isto é, identificando-os num cartaz que será entregue antecipadamente, segundo as indicações abaixo:

O objetivo desse exercício é visualizar e tomar conhecimento de como aparece uma "Igreja viva", uma igreja de Comunidades eclesiais missionárias que se começa a formar.

1. Grupos eclesiais "internos": preparar uma lista de todos os grupos que na sua paróquia ajudam a ir ao encontro das necessidades internas da comunidade.

2. Grupos eclesiais "externos": preparar uma lista de todos os grupos que no contexto ajudam a ir ao encontro das necessidades do público maior, além da comunidade paroquial.

3. Grupos eclesiais "autônomos": preparar uma lista de todos os grupos que no contexto não se dirigem aos outros, mas estão concentrados a satisfazer suas próprias necessidades religiosas, sociais, culturais, econômicas etc.

Concluído esse trabalho, cada grupo apresenta as listas que preparou, começando pela lista dos "grupos internos". Depois de cada lista, dar um pouco de tempo para discussão.

LEMA: mostrar o cartaz com o lema para os participantes:
Uma Igreja dinâmica

Amarração

Resuma os pontos principais do encontro:

1. Nessa etapa, a paróquia já está bastante ativa. Muitas pessoas estão responsavelmente engajadas em vários setores, algumas para o próprio crescimento espiritual, outras para o bem da comunidade eclesial e outras ainda para as necessidades do povo em geral.

2. O aspecto mais importante desse modelo é que a comunidade eclesial está atenta às várias necessidades do povo, dentro e fora, e procura ajudar de todas as maneiras possíveis.

3. Esse modelo constitui um grande passo adiante, porque muitos fiéis tomam parte ativa na vida da Igreja e o fazem não para ajudar o padre, mas porque são cientes da vocação e da missão que receberam como cristãos no batismo. Esses cristãos entenderam que são a Igreja e que a missão da Igreja é a própria missão deles.

4. Nesse modelo de Igreja, o aspecto organizativo é muito importante; os responsáveis das várias atividades se consideram "dirigentes" ou diretores de "departamentos", para que cada um desenvolva seu papel e tudo proceda da melhor maneira possível.

ORAÇÃO espontânea no final.

QUINTO ENCONTRO

TEMA: Uma Igreja missionária, Comunidade de comunidades - CEMs

ORAÇÃO espontânea no início.
Pendurar o quinto cartaz

PEDIR aos participantes que reflitam:

► O que você vê nesse desenho?

► *Qual a diferença entre esse desenho e o anterior?* (Todos os fiéis da paróquia estão engajados; o povo está reunido em pequenas comunidades.)

▶ *Qual modelo de Igreja e de comunidade é representado no desenho?* (O modelo das CEMs).

▶ *Por que, no meio de cada grupo, tem aquele grande livro?* (A partilha da Palavra está no centro da vida comunitária.)

▶ *Atrás de cada grupo existe uma seta que vai para fora. O que significa isso?* (Os membros dos grupos pensam também nas necessidades dos outros.)

▶ *Existe uma corrente que conecta todos os grupos. O que ela significa?* (Os vários grupos devem se sentir interligados, em comunhão com toda a comunidade paroquial e com a sociedade.)

▶ *Quem são os membros do CPP?* (São os representantes de todas essas CEMs.) Dessa maneira, as informações, as propostas, as recomendações, as ideias e os projetos convergem das CEMs para o CPP, e do CPP para as CEMs, como caminho de mão dupla. Assim acontece um verdadeiro intercâmbio e uma comunicação sincera. A Missão torna-se envio e retorno à comunidade (cf. Lc 24,33; At 14,27).

▶ *Qual é o papel do CPP nesse modelo?* (Todas as atividades têm como centro a Palavra de Deus; o objetivo principal desses encontros é, antes de tudo, testemunhar a fé cristã, para que todos os membros partilhem a mesma fé. É pela fé que o povo recebe a inspiração de assumir compromissos na comunidade.)

▶ *Quem são aquelas pessoas que estão de pé atrás do CPP?* (São os principais agentes de pastoral e coordenadores das CEMs da paróquia, aqueles que se dedicam, de maneira especial, ao trabalho pastoral e missionário ou dão inspiração e motivação aos outros, os líderes das comunidades. Trabalham em equipe e orientam, ajudam e animam todos os outros missionários das CEMs.)

Indique a Igreja e peça:
➤ *Quem são os que estão reunidos na igreja?* (São os membros das Comunidades Eclesiais Missionárias que formam a grande comunidade da Igreja.)

LEMA: mostrar o cartaz com o lema para os participantes: Uma Igreja missionária, comunidade de comunidades - CEMs.

Indicando o desenho, resuma os aspectos principais.

Todos os cristãos vivem a vida da comunidade e caminham em Cristo. Cada um faz parte de uma pequena comunidade eclesial missionária, vive uma vida de fé na comunidade, ajuda os outros como comunidade e adquire o sentido comunitário da vida, do trabalho, da liturgia, do serviço e do lazer.

CONVIDE OS PARTICIPANTES a expressarem brevemente o que compreenderam e os sentimentos que experimentaram diante desses modelos de Igreja.

Amarração

No final, procure resumir os aspectos mais importantes:

1. A organização da paróquia é formada por muitas pequenas comunidades eclesiais missionárias. Cada pessoa é convidada a participar de uma dessas pequenas comunidades, nas pastorais e nos movimentos.

2. Todos são convidados e chamados a expressarem o máximo dos dons recebidos pelo Espírito; nesse sentido, tornam parte ativa na vida da Igreja.

3. A base das CEMs é a partilha da Palavra. Em síntese, os cristãos procuram se alimentar e desenvolver sua fé-es-

perança-caridade nessas pequenas comunidades eclesiais missionárias; também a missa dominical, as celebrações, os encontros de catequese, de engajamento social e político, de reflexão vão se tornar mais frutuosos e participativos.

1. Todo cristão é chamado a prestar atenção às necessidades dos outros e a servir, segundo suas capacidades, dons e experiências.

2. As CEMs estão unidas por um vínculo profundo de comunhão. Por meio do CPP, essas são unidas pela comunidade inteira (paróquia, diocese, Igreja universal).

3. Na celebração eucarística dominical, os fiéis da comunidade se reúnem como "corpo de Cristo", em que expressam e celebram sua comunhão, recebem de novo o envio para a Missão.

4. Os cristãos são cientes da sua responsabilidade de anunciar Jesus Cristo, sua mensagem e seu modelo, também fora da comunidade eclesial. Por isso, procuram de todas as maneiras influenciar a realidade econômica, política e social com o espírito cristão.

ORAÇÃO espontânea no final.

XII
ROTEIRO PERMANENTE PARA ENCONTROS DAS CEMs

(*Este roteiro foi elaborado para ser usado em qualquer momento, ou tempo litúrgico, bastando apenas que quem coordena faça as devidas adaptações. Quem coordena deve preparar com antecedência o encontro.*)

1. Abertura
(*Chegada, acolhida, ambientação ou preparação do ambiente com um mantra ou jaculatória. Segue uma sugestão, mas poderá ser escolhido outro de acordo com o tempo litúrgico. Se houver instrumento/violão para acompanhar, o tom é D.*)

2. Mantra de ambientação e acolhida
D   F#m   G   D   Bm   E   G   D
Ó luz do Senhor, que vem sobre a terra, inunda meu ser permanece em nós.
D   F#m   G   D   Bm   E   G   D
Ó luz do Senhor, que vem sobre a terra, vem nos visitar com o seu resplendor.

3. Oração ao Espírito Santo
Vinde, Espírito Santo, enchei os corações dos vossos fiéis e acendei neles o fogo do vosso amor. Enviai o vosso Espírito, e tudo será criado; e renovareis a face da Terra.

Oremos: Ó Deus, que instruístes os corações dos vossos fiéis, com a luz do Espírito Santo, fazei que apreciemos retamente todas as coisas, segundo o mesmo Espírito, e gozemos sempre da sua consolação. Por Cristo, Senhor Nosso. Amém.

4. Silêncio seguido do ofício das Comunidades
(Oração pessoal – a seguir rezar ou cantar o ofício das Comunidades)

> Venham, ó nações, ao Senhor cantar (bis)
> Ao Deus do universo venham festejar (bis)
> Seu amor por nós, firme para sempre (bis)
> Sua fidelidade dura eternamente (bis)
> Toda a terra aclame, cante ao Senhor (bis)
> Sirva com alegria, venha com fervor (bis)
> Nossas mãos orantes para o céu subindo (bis)
> Cheguem como oferenda ao som deste hino (bis)
> Glória ao Pai, ao Filho e ao Santo Espírito (bis)
> Glória à Trindade Santa, glória ao Deus bendito (bis)

5. Recordação da vida
(Neste momento, os participantes lembram e trazem presentes pessoas, ou fatos recentes da vida pessoal, da comunidade ou da sociedade.)

6. Motivação do encontro
(Quem coordena deverá motivar espontaneamente o encontro. Após a motivação pode haver um canto, à escolha. Na motivação, retomar alguns pontos trazidos na recordação da vida e o tema da celebração, de acordo com as leituras.)

7. Liturgia da Palavra

a) Leitura Bíblica (1ª leitura)
(Pode ser a leitura do dia, ou a do domingo anterior, ou a do domingo posterior, conforme o combinado com os demais coordenadores das CEMs.)

b) Meditação da leitura
(Quem coordena poderá motivar a reflexão pedindo que cada um repita uma palavra ou frase da leitura que mais lhe chamou atenção.)

c) Salmo Responsorial
(O Salmo é o correspondente à leitura. Ele poderá ser recitado ou salmodiado.)

d) Canto
(O refrão indicado abaixo, ou outro referente à aclamação ao evangelho.)
A vossa Palavra, Senhor, / é sinal de interesse por nós (bis).

e) Evangelho
(Leitura, meditação e partilha da Palavra seguindo os passos da leitura orante.)

1º) Leitura: Ler e retomar palavras, expressões ou frases do texto, buscando responder à pergunta: **O que diz o texto?**

2º) Meditação: aprofundar e aplicar a mensagem e refletir sobre ela, buscando responder à pergunta: **O que o texto me diz?**

3º) Oração: conversar com Deus, apresentando preces e agradecimentos, buscando responder: **O que o texto me faz dizer a Deus?**

4º) Contemplação: ver a realidade com os olhos de Deus. Fazer um momento de silêncio interior e exterior para mergulhar no mistério de Deus e buscar responder à pergunta: **qual o meu novo olhar a partir da Palavra?**

5º) Ação: assumir algum compromisso simples e viável. Buscar responder: **O que o texto me leva a viver?**

(Cada um desses passos e cada questão correspondente pode ser compartilhada. O compromisso final pode ser individual ou do grupo. Melhor que seja um compromisso da comunidade).

8. Pai-Nosso
(Quem coordena poderá motivar a oração e encaminhar para os ritos finais.)

9. Oração final (juntos)
Ó Deus, que nos chamastes a viver o compromisso missionário em pequenas comunidades que se encontram à luz da Vossa Palavra, iluminai toda a nossa vida e todas as nossas ações, e não nos deixeis fraquejar na missão. Que juntos, unidos por meio das Comunidades Eclesiais Missionárias, sejamos discípulas e discípulos missionários de Vosso Filho Jesus, prontos a testemunhá-lo em todos os momentos de nossa vida. Amém.

10. Avisos finais
(Quem coordena dará os avisos finais, como, por exemplo, local do próximo encontro; o compromisso que a comunidade vai assumir até o próximo encontro; algum evento ou acontecimento da paróquia ou diocese a ser realizado; e outros que forem convenientes e oportunos, de acordo com a realidade da comunidade.)

11. Bênção final
(Espontânea ou conforme a indicada abaixo)
Deus de infinita misericórdia, que enviou seu Filho ao mundo para revelar seu imenso amor de Pai e salvar a humanidade, abençoe-nos agora e sempre: em nome do Pai, e do Filho e do Espírito Santo. Amém.

Canto final
(À escolha, conforme o tempo litúrgico, ou um canto a Nossa Senhora.)

CONCLUSÃO

As Comunidades Eclesiais Missionárias são propostas pela Igreja como concretização de projetos missionários há tempos iniciados. Logo após a Conferência de Aparecida, a Igreja lançou o projeto de Evangelização "Missão Continental para uma Igreja missionária",[4] visando fortalecer a dimensão missionária da Igreja. Isso levou à decisão de percorrer um itinerário de conversão que nos levasse a sermos discípulos missionários de Jesus Cristo.

Agora, com as CEMs – as Comunidades Eclesiais Missionárias –, a Igreja visa concretizar esse processo. Levou-se tempo para se chegar a esse estágio, mas agora estamos diante de um dos passos mais importantes da Igreja: torná-la, de fato, missionária permanentemente.

Como vimos, essa missão se dá em pequenas células eclesiais, que se formam nas casas e em outros espaços, onde grupos se reúnem frequentemente em torno da Palavra de Deus, para celebrar a vida e os compromissos com ela. Desse modo, o projeto das CEMs, com este subsídio, deixará de ser projeto para se tornar realidade. Mas isso vai depender de

---

[4] Cf. CELAM. A missão continental para uma Igreja missionária. 2ª ed., Brasília/DF, CNBB, 2009.

todos nós, bispos, padres, diáconos, religiosas/os e demais consagrados/as, seminaristas, e do povo de Deus, das pessoas leigas, que assumirão essas Comunidades e farão com que elas sejam realidades em todas as dioceses e paróquias do Brasil.

As CEMs serão pequenas células, quase invisíveis, comparadas ao grande corpo da Igreja, mas farão esse corpo ter vida e vida plena. Você é parte dessa célula, e, para que ela não seja uma célula morta, seu comprometimento, sua vitalidade e fidelidade são fundamentais. Portanto não espere que os outros façam por você aquilo que você pode fazer. Faça a sua parte! Se cada um fizer a sua parte, não será pesado para ninguém, e todos receberão as benesses dessa missão, e viveremos numa Igreja fiel à proposta de Jesus Cristo, fiel às propostas das primeiras comunidades cristãs.

O tempo é agora, faça com que as CEMs se tornem realidade na Igreja, começando pela sua rua, pelo seu setor, seu bairro, sua paróquia, sua diocese, sua Igreja no Brasil.

As CEMs não são, portanto, um novo jeito de ser Igreja, mas sim uma Igreja com novos procedimentos missionários, em vista da evangelização, no sentido de buscá-los nas suas origens.

As Comunidades Eclesiais Missionárias implicam grande disponibilidade de repensar muitas estruturas pastorais da nossa Igreja, tendo como princípios constitutivos a espiritualidade de comunhão e a audácia missionária de todos, para, assim, nós nos convertermos e ajudarmos na conversão das pessoas, criando estruturas abertas e flexíveis, capazes de animar a missão permanente em cada Igreja particular e em cada paróquia.

Nossa missão, por meio das CEMs, é partilhar a Vida que transmite Cristo, por isso somos convidados a formar pequenas comunidades alicerçadas na Palavra, no Pão, na Caridade e na Ação Missionária, de modo que todos tenham a vida e a tenham em abundância (Jo 10,10), e deixando, enquanto Comunidade Eclesial, atrair os afastados, os distanciados, os excluídos e os que nunca se aproximaram.

Esse dinamismo missionário advém em momento muito propício: quando o mundo pede para não se aglomerar, em razão da pandemia do Coronavírus, e em tempos em que se percebeu que a Igreja das massas já não evangeliza mais como deveria evangelizar. Unindo essas duas situações, as CEMs chegam como uma resposta do tempo presente para fortalecer a Igreja e o compromisso cristão.

Embora seja uma proposta missionária arquetípica, isto é, que tem como referencial ou arquétipo as comunidades dos primórdios do cristianismo, ela se manifesta como novidade de vida eclesial e missão, em todas as dimensões da existência pessoal, social e eclesial. No entanto, isso requer, a partir de nossa identidade católica, uma evangelização mais personalizada e, consequentemente, mais missionária, em diálogo com todos e a serviço de todos.

Um dos objetivos essenciais das CEMs é levar a uma tomada de consciência de que a dimensão missionária é parte constitutiva da identidade da Igreja. Essa Igreja que não é apenas do Papa, dos bispos, dos padres ou de pessoas leigas e consagradas que vão para a missão *ad gentes*, mas também de todos os batizados. Por isso, a partir do Kerigma, as CEMs pretendem vitalizar o encontro com Cristo vivo e fortalecer o sentido de pertença eclesial, para que os batizados passem de evangelizados a evangelizadores, e para que, por meio de seu testemunho e sua ação evangelizadora, alcancemos um maior número de pessoas e essas tenham a vida plena em Jesus Cristo.

Para alcançar esse objetivo, todos nós, batizados, somos chamados a recomeçar em Cristo a partir de nossas famílias, dentro de nossas casas e, a partir dali, reconhecer e seguir sua presença como discípulos e missionários. Nas CEMs poderemos beber da Palavra, lugar de encontro com Cristo; alimentar da Eucaristia, que nos ensina a partilhar; exercitar a caridade, servindo a sociedade, em especial aos mais necessitados; e exercitar o ser missionário por meio dessas e de outras ações que ajudem a revelar os sinais do Reino neste mundo.

Termino com uma oportuna expressão do Documento de Aparecida que bem sintetiza o compromisso missionário das CEMs: "Deve ser compromisso missionário de toda a comunidade sair ao encontro dos afastados, interessar-se por sua situação, a fim de reencantá-los com a Igreja e convidá-los a voltar a ela" (DAp, n. 226).

Comece agora a participar das CEMs de sua paróquia. Se ainda não conhece, busque conhecê-la. Se ainda não existem as CEMs na sua paróquia, busque uma forma de ajudar a tê-las. Isso já é um passo importante na missão.

REFERÊNCIAS BIBLIOGRÁFICAS

BÍBLIA SAGRADA. Edição Pastoral. São Paulo, Paulus, 1990.

CELAM. A missão continental para uma Igreja Missionária. 2ª ed., Brasília/DF, CNBB, 2009.

_____. Documento de Aparecida. Texto conclusivo da V Conferência Geral do Episcopado Latino-Americano e do Caribe. Brasília/DF, São Paulo/SP, CNBB, Paulus, Paulinas, 2007.

CNBB. Diretrizes Gerais da Ação Evangelizadora da Igreja no Brasil: 2019 – 2023. Doc. Da CNBB n. 109, Brasília/DF, CNBB, 2019.

PEREIRA, José Carlos. Paróquia Missionária à luz do Documento de Aparecida. Procedimentos fundamentais. Brasília/DF, CNBB, 2012.

_____. Projeto paroquial. Orientações para a implantação de uma evangelização permanente. Petrópolis, Vozes, 2009.

Este livro foi composto com as famílias tipográficas Fira Sans e Segoe UI
e impresso em papel Offset 63g/m² pela **Gráfica Santuário.**